第2辑 2016年6月

粤台商业评论

Guangdong-Taiwan Business Review

汕头大学粤台企业合作研究院
广东省普通高校人文社会科学重点研究基地　主办

2016

经济管理出版社
ECONOMY & MANAGEMENT PUBLISHING HOUSE

图书在版编目（CIP）数据

粤台商业评论. 第 2 辑 / 徐宗玲，胡少东主编. —北京：经济管理出版社，2016.6
ISBN 978-7-5096-4346-4

Ⅰ. ①粤… Ⅱ. ①徐… ②胡… Ⅲ. ①海峡两岸—区域经济合作—研究 Ⅳ. ①F127

中国版本图书馆 CIP 数据核字（2016）第 074913 号

组稿编辑：申桂萍
责任编辑：梁植睿
责任印制：黄章平
责任校对：超　凡

出版发行：经济管理出版社
　　　　　（北京市海淀区北蜂窝 8 号中雅大厦 A 座 11 层　100038）
网　　　址：www. E-mp. com. cn
电　　　话：(010) 51915602
印　　　刷：三河市延风印装有限公司
经　　　销：新华书店
开　　　本：880mm×1230mm/16
印　　　张：9.25
字　　　数：262 千字
版　　　次：2016 年 6 月第 1 版　2016 年 6 月第 1 次印刷
书　　　号：ISBN 978-7-5096-4346-4
定　　　价：30.00 元

目 录

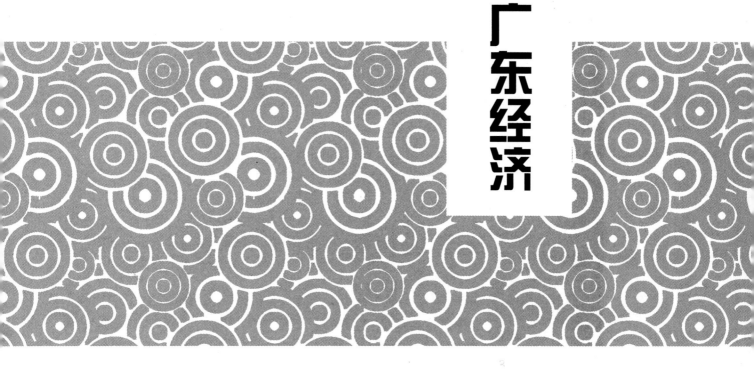

广东经济

城市质量、企业集群与产业结构升级研究

——基于广东省经济数据的实证分析

王　鹏　宋德斌

（暨南大学经济学院，广东广州，510632）

[摘　要] 信息化和技术创新是促进产业结构升级的两个主要推动力，城市和集群是提升区域信息化和创新能力的重要载体和途径，现有的研究较少将两者同产业结构升级联系在一起进行综合分析。本文以广东省 21 市十年的经济数据为基础，基于从整体到局部的视角，分别在广东省和珠三角范围内，运用 SPSS 和 EViews 软件研究了城市质量和集群水平对第二、第三产业以及两者之和占 GDP 比重的影响。结果显示：城市质量和企业集群均能够促进产业结构升级，但对第二、第三产业的影响效果有所不同，城市质量同第三产业产出有着显著的正相关关系，且城市质量较高的珠三角地区对于第三产业产出的促进作用高于广东全省的平均水平，企业集群对第二产业的发展有着积极的促进作用，但是与第三产业的发展负相关。

[关键词] 城市质量；企业集群；产业结构升级；面板数据

[JEL 分类] R11

1　引　言

　　产业结构升级源于两个主要推动力：信息化与技术创新，城市和集群是促进两者发展的重要载体和主要途径。城市作为经济发展的中心，是各种信息资源交换、传播和辐射的神经中枢，是引发创新活动的助推器；企业集群作为提高创新能力的主要组织形式，可以促使企业共享各种知识和信息资源，加强企业间分工合作和良性竞争，是实现创新产出的"孵化园"。同时，城市综合实力的提升为企业集群营造了更加完善的服务设施体系，集群的发展带动了城市经济实力的增强并对城市质量提出了更高要求。因此，城市质量[①]和企业集群水平的高低直接决定着汇聚和共享信息资源、引发和促进创新活动的差异，探讨两者同产业结构的关系，并量化其对产业结构优化的贡献率，对研究区域产业结构升级有重要的现实意义。

　　改革开放以来，广东省借助其优越的政策和地理区位条件，推动出口贸易型经济，极大地促进了经济总量的增长。但是总体上广东省经济发展的"质"仍未与"量"实现同步，依然处于国际产业链的下游，其产品科技含量偏少，附加值较低，尤其是在国外经济低迷以及国内人口红利弱化的情况下，经济增长步伐放缓。所以，注重"质"的提升，转变发展方式，进而促进产业结构升级，成为带动广东经济增长的新途径。珠三角作为省内经济最为活跃的区域，城市发展和企

[作者简介] 王鹏，男，暨南大学经济学院副教授，经济学博士，博士生导师；宋德斌，男，暨南大学经济学院硕士生。
　　① 城市质量是指在一定时期内，一个城市在经济、科技、教育等方面的全面状况，能够充分反映其现阶段的发展水平，是一个城市综合实力的集中体现。

业集群水平较高，且产业层次与其他区域差别明显，探讨其城市质量和企业集群与产业结构的关系，便于对比分析不同经济发展阶段，两者对产业结构影响效果的差异。因此，本文分别在广东全省和珠三角范围内，研究产业结构同城市质量和企业集群之间的关系，进而提出促进产业结构升级的政策建议。

2 文献综述

近年来，国内外学者对产业结构升级的问题进行了较多的探讨，城市与集群被认为是促进信息化和创新产出的平台和手段，对产业结构升级有着积极的促进作用，关于两者带动产业结构升级的研究主要有以下几种观点：

城市质量与产业结构升级关系的探讨，概括起来主要包括两个方面：一是从技术创新角度分析城市质量的提高对于城市自身产业结构升级的直接促进作用；二是从技术扩散的角度研究其对于周边区域结构升级的间接带动作用。从技术创新角度进行的研究包括：苏雪串（2003）[1] 认为产业结构升级的过程同城市发展的过程是息息相关的，通过丰富和完善城市的职能，可以加强城市的创新能力，极大地促进第二、第三产业的发展，加快城市产业结构升级的步伐。陈建军等（2009）[2] 以浙江省为研究对象，分析了其产业结构升级所遇到的问题，提出城市化是优化产业结构的途径，城市发展所带来的高端资源的集聚，可以增大技术创新的概率，促进产业升级。邱玲（2010）[3] 提出城市是区域经济和文化的中心，是创新活动的重要载体，城市的发展能够提升第二产业，带动第三产业，以北京市及其周边县城为例实证研究了不同的城市发展水平所对应的产业结构状况。王可侠（2012）[4] 认为伴随着城市发展及其质量的提高，高科技产业和信息技术所带来的技术创新，大大提高了劳动生产率，带动了产业结构的优化升级。从技术扩散角度进行的研究主要有：张亚斌等（2006）[5] 和刘振灵（2009）[6] 基于经济地理学理论的视角进行分析，认为区域产业结构升级应该通过城市群圈层经济由内向外实现产业的合理转移，然后通过产业在不同区域的合理布局实现不同"圈层"经济间的产业结构优化协调，最终达到提升整个区域产业结构升级的目标。李诚固等（2009）[7] 分析了东北地区城市化发展同产业结构之间的关系，通过实证分析，指出东北地区应该对中心城区现代服务业进行整合，同时将传统优势产业向周边县城地区进行产业转移，促进整个区域产业结构优化升级。朱政等（2011）[8] 通过对珠三角城市群职能等级体系分析研究，指出随着城市经济的发展所带来的专业化程度的提升，主次中心城市的分工愈加分明，佛山、东莞、珠海等七个次中心城市利用广州、深圳两个中心城市的辐射作用，结合自身特点，发展特色产业，带动珠三角产业结构均衡调整。

外部经济和技术进步是学者们研究企业集群促进产业结构升级的两种主要结论。外部经济论者认为企业集群促进了规模经济，加强了集群内部信息的流动和知识溢出的共享，降低了成本。其国外研究主要有：马歇尔（1991）[9] 和 Minoru Nishida（1996）[10] 认为企业集群所带来的产业集聚产生的外部规模经济有利于技能、信息、技术和新思想在集群内企业之间的传播与应用，促进了区域产业经济发展。Porter（1998）[11] 从竞争经济学的角度研究了企业集群，提出了著名的"钻石模型"，实证分析出企业集群能够降低生产成本，提高群内企业的生产效率，增强区域经济的竞争优势。Gordon H.Hanson（2001）[12] 认为集群所带来的成本的降低以及多元化的信息汇聚是致使产业在地理上进行集中的重要原因。国内的研究主要有：许萧迪等（2005）[13] 提出了合作创新的概念，实证分析出合作创新能够把竞争从单个企业之间提升到更大的群体之间，增加合作双方的经济收益，改善区域内集群企业的经营环境，从而增强企业的竞争力。施卫东（2010）[14] 以上海市为例，实证分析出其金融产业集聚不仅可以加强集群内部信息流和知识流的交汇，带来集群产业内部的规模经济，而且能够促使资本向高效益的产业流动，进而实现产业结构的优化。技术进步论者认为企业集群加强了内部企业的竞争和合作，产生更加明细的分工和专业化生产，促使技术进步，提升了生产效率。国内外研究主要包括：马萍和刘丽明（2004）[15] 提出高新技术企业集群从要素、需求等方面推动了自身的发展，进而以新技术代替传统技术，提升了基础产业，是促进区域产业结构升级的推进器。邵文武等（2010）[16] 认为产业结构升级是促进经济增长的基础，企业集群是一种具有高效率的组织形式，从要素的角度进行分析，认为集群所产生的要素的集聚和创新作用，带动了产业结构的优化和升级，是促进产业结构升级的一条有力途径。Dayasindhu（2002）[17]、Zucchella（2006）[18] 认为企业集群不仅为其中的企业带来分工和专业化的灵活性与成本优势，同时也促进了知识的转移与创新。Lars Hakansona（2005）[19] 提出集群内企业具有访问"隐性知识"的权限，这构成了集群内企业竞争力的重要支撑，形成了企业的创新来源以及提升了企业的生产效率，促进集群内企业的发展和壮大。

综上所述，学者们的研究多集中于城市质量或企业集群两者中单一一个变量对于产业结构升级的影响，鲜有将两者放在一起来探讨其与产业结构升级的关系，无法研究两者的共同促进作用，也不便于比较分析两者促进效果的差异。同时在实证方面，较少建立完善的指标体系，其研究多以城市质量和企业集群的某一指标或部分指标来代表两者，对变量的衡量不够充分。本文将城市质量和企业集群两个变量结合起来，建立能够较为全面反映城市质量和企业集群的指标体系，综合分析两者对于产业结构升级的共同影响，并进而比较两者对产业结构优化升级作用效果的不同。

本文拟通过建立面板数据模型，首先在全面评估城市质量和企业集群的相关衡量指标的基础上，建立能够充分反映两者的指标体系，运用 SPSS 软件，基于主成分分析法的思想，计算出每个影响因素的权重，求得两者的综合得分；其次，分别选取第二、第三产业及其之和占 GDP 的比重来表示产业结构；最后，运用 EViews 软件，实证分析城市质量和企业集群对于产业结构升级的影响。

3   指标选取与数据来源

3.1   被解释变量

伴随着经济总量的快速增长，区域经济不平衡成为困扰广东省经济全面发展的难题，提升产业层次、实现产业结构升级不仅是协调省内区域经济发展的重要手段，还是保证经济长期稳定增长的关键所在。第二、第三产业作为经济发展的主体，在国民经济中占有的份额越来越大，用两者之和占 GDP 的比重可以衡量各个区域当前的产业结构状况。与此同时，仅仅以此表示产业结构，无法具体分析城市质量、企业集群对第二、第三产业中单个产业的贡献情况，也不能对其差异性做出比较分析，因此为了全面而具体地衡量地区产业结构状况同城市质量、企业集群的关系，本文同时选用第二、第三产业的比重来衡量产业结构的状况。三类指标的具体选取方法如下：

$$rsind = sind/gdp \tag{1}$$

$$rtind = tind/gdp \tag{2}$$

$$rstind = stind/gdp \tag{3}$$

sind、tind 和 stind 分别表示第二、第三产业的产值及其产值之和，rsind、rtind 和 rstind 分别表示第二、第三产业及其产值之和占 GDP 的比重。

3.2   解释变量

本文研究城市质量和企业集群对区域产业结构升级的影响，选取了三类指标作为解释变量，变量选取缘由及其具体方法如下：

3.2.1 城市质量

城市是促进信息化和技术创新的重要平台，城市质量的不同影响着信息化水平和创新能力的高低，进而决定着对产业结构升级促进作用的差异。

本文衡量城市质量（urb）的指标具体选取如下：X_1代表人均地区生产总值（元）；X_2代表从业人员人数（万人）；X_3代表固定资产投资（万元）；X_4代表客运量（万人）；X_5代表货运量（万吨）；X_6代表科学支出（万元）；X_7代表教育支出（万元）；X_8代表移动电话用户数量（户）；X_9代表邮电业务总量（万元）；X_{10}代表每万人拥有医院数量（个/万人）。具体的计算方法如下：采用线性比例变换法，用 SPSS 软件将广东省 21 市历年城市质量的十项指标标准化，然后运用因子分析法进行降维，提取主成分，运用主成分综合模型：

$$F = \frac{\lambda_1}{\lambda_1+\lambda_2+\cdots+\lambda_i}F_1 + \frac{\lambda_2}{\lambda_1+\lambda_2+\cdots+\lambda_i}F_2 + \cdots + \frac{\lambda_i}{\lambda_1+\lambda_2+\cdots+\lambda_i}F_i \tag{4}$$

F 为综合得分，λ_1，λ_2，$\cdots$，λ_i 分别为对应的特征值占所提取主成分特征值之和的比例，F_1，F_2，$\cdots$，F_i 为因子得分。将其代入模型，求出广东省 21 市每年城市质量的综合得分。同时参考孙晶和许崇正（2011）[20] 的研究方法，对综合得分向右整体平移一个单位，将全部城市质量转化为正值，便于对其做进一步实证研究。

3.2.2 集群水平

企业集群是指在一个适当大的区域内，许多生产相关产品的独立而又相互关联的企业依靠专业化分工和合作集聚在一起，形成一个类似生物有机体的产业部落。[21] 集群水平是企业集群规模和质量的集中体现，能够反映不同区域的企业集群程度。

评估地区规模以上企业集群水平（clu）的八项指标选取如下：X_1代表企业个数（个）；X_2代表工业生产总值（百万元）；X_3代表工业增加值（百万元）；X_4代表企业利润总额（百万元）；X_5代表企业销售收入（百万元）；X_6代表企业从事科研活动人数（个）；X_7代表企业内部科研活动的经费支出（万元）；X_8代表企业新产品产值（万元）。参考城市质量综合得分的计算和处理方法，取得 21 个城市每年集群水平的数值。

3.2.3 人口规模

劳动力是地区经济发展的必备因素，因此，城市或地区的人口（pop）数量能够反映出其经济发展的水平，体现产业发展规模，间接地反映出产业结构的状况。本文在广东省范围内的研究，选取全省 21 市各年年末的人口数量来表示其人口规模，在珠三角范围内的研究，人口规模用珠三角九个地级市各年年末的人口数量表示。

3.3 数据来源

由于区位、经济发展程度的不同，广东省各市的城市质量和企业集群水平不尽相同，甚至存在着较大的差异。为了全面体现广东省城市质量、企业集群水平同区域产业结构的关系，本文选取 2002~2011 年广东省 21 市的面板数据以及珠三角九市的面板数据两个实证样本，分别进行回归分析。其中珠三角九市包括：广州、深圳、佛山、东莞、珠海、中山、惠州、江门、肇庆。数据主要来源于以下两个途径：2003~2012 年《广东统计年鉴》；2003~2012 年《中国城市年鉴》。

4 模型构建与实证分析

4.1 模型构建

信息化和技术创新是实现产业结构优化的重要动力，城市和集群是促进二者发展的载体和途径。伴随着城市质量的提升，城市基础设施建设更加完善，为信息化发展和创新行为的发生提供更加有力的支撑。同时，集群的发展不仅便于企业间共享信息和知识资源，加强企业分工合作，促使创新行为的发生，同时也对信息化提出了更高的要求，带动信息化水平的提升。此外，产业结构的升级不仅与城市质量和企业集群密切相关，也受到人口规模的影响，因而在参考相关研究的基础上，本文构建如下模型来反映产业结构同其影响因素的关系：

$$rsind_{it} = c + k_1\, urb_{it} + k_2\, clu_{it} + k_3\, pop_{it} + u_{it} \tag{5}$$

$$rtind_{it} = c + j_1\, urb_{it} + j_2\, clu_{it} + j_3\, pop_{it} + u_{it} \tag{6}$$

$$rstind_{it} = c + l_1\, urb_{it} + l_2\, clu_{it} + l_3\, pop_{it} + u_{it} \tag{7}$$

其中，i 表示截面数据单位（各个地市），t 表示年份；rsind、rtind 和 rstind 为解释变量，分别表示第二、第三产业及二者之和占 GDP 的比例。urb 表示城市质量，clu 表示企业集群水平，pop 表示人口规模，k_1、k_2、k_3、j_1、j_2、j_3、l_1、l_2、l_3 分别表示各个解释变量的系数矩阵，c 表示截距项，u 表示误差项。

模型（5）至模型（7）中城市质量与企业集群水平进一步的检验结果显示两者相关系数较高，为了避免回归中出现多重共线的情况，引入交叉项，此外，为了避免变量间单位不同可能形成的误差和异方差的影响，对变量进行对数化处理。因此模型可以进一步修正为：

$$lnrsind_{it} = c + k_1\, lnurb_{it} + k_2\, lnclu_{it} + k_3\, lnurb_{it} \times lnclu_{it} + k_4\, lnpop_{it} + u_{it} \tag{8}$$

$$lnrtind_{it} = c + j_1\, lnurb_{it} + j_2\, lnclu_{it} + j_3\, lnurb_{it} \times lnclu_{it} + j_4\, lnpop_{it} + u_{it} \tag{9}$$

$$lnrstind_{it} = c + l_1\, lnurb_{it} + l_2\, lnclu_{it} + l_3\, lnurb_{it} \times lnclu_{it} + l_4\, lnpop_{it} + u_{it} \tag{10}$$

其中，$lnurb_{it} \times lnclu_{it}$ 表示城市质量和企业集群水平的交互作用。

4.2 实证分析

本文研究城市质量和企业集群同产业结构升级的关系，首先基于广东省 2002~2011 年城市质量和企业集群的经济数据，使用 SPSS 计算二者的综合得分，进而结合产业结构和人口规模的数据，分别在广东省和珠三角两个区域内使用 EViews6.0 进行计量分析，将所得到的结果整理如表 1 所示。

表 1　计量分析结果

	广东省			珠三角		
	lnrsind	lnrtind	lnrstind	lnrsind	lnrtind	lnrstind
lnurb	−0.192**	0.164***	−0.048	−0.101	0.214***	0.045
lnclu	0.323***	−0.150***	0.130***	0.247***	−0.149**	0.067**
Lnurb × lnclu	−0.147	−0.002	−0.077***	−0.045	−0.039*	−0.033***
lnpop	0.08	0.557***	0.294***	−0.461***	0.547***	−0.023
c	3.80***	2.963***	4.123***	4.271***	3.188***	4.492***
R−squared	0.802	0.867	0.905	0.856	0.937	0.968
F−statistic	29.03	50.11	73.26	38.00	95.06	192.35
Pr（F−statistic）	0	0	0	0	0	0
适用模型	FE	FE	FE	FE	FE	FE

注：*、**、*** 分别表示在 10%、5%、1% 的水平上显著。FE 表示固定效应模型。

计量经济结果显示，回归方程的判定系数 R-squared 值均在 0.8 以上，说明各回归方程拟合优度较高，各个自变量能对因变量的变化进行较好的解释。

具体分析，第 1 列和第 4 列分别在广东省和珠三角地区范围内，以第二产业产值比重对城市质量、集群水平、两者的交叉项及人口规模进行回归。结果显示，广东省和珠三角地区城市质量与第二产业比重存在负向关系。在1%的显著性水平下，保持其他条件不变，集群水平每提高1个百分点，第二产业比重在广东省和珠三角地区分别上升0.323个和0.247个百分点。城市质量与集群水平的交叉项对第二产业比重没有显著影响。上述现象的出现，主要基于两方面原因：一是无论广东省还是珠三角地区，其集群企业的主体均是以加工制造为主的第二产业，所以集群水平的提升，必定会促进第二产业的发展。二是城市质量的提升过程中，伴随着产业转移和产业升级，第三产业将在城市经济中扮演主要角色，占有更大份额，第二产业所占的份额会随之减少，因此以第二产业为主体的集群水平与城市质量呈现负向关系。

第2列和第5列以第三产业产值比重来衡量产业结构状况，对各个解释变量进行回归。在1%的显著性水平下，城市质量每提高1个百分点，可以引起广东省第三产业产值比重上升0.164个百分点，珠三角地区增加0.214个百分点，高于广东省平均水平。广东省和珠三角地区集群水平对第三产业的比例有着明显的负向作用。全省范围内，城市质量与集群水平的交叉项的弹性系数是负的，但是并不显著，在珠三角地区，10%的显著性水平下，交叉项与第三产业的比重有着负向作用。其原因包括：第一，珠三角地区城市经济发展水平较高，其完善的基础建设条件增强了市场吸引力，带动更大的引资规模和更高的创新产出，对第三产业的促进作用较全省更加明显。[22]第二，在一定时期内，伴随着第三产业的增多，"挤出"了对第二产业的部分资本投入，导致以第二产业为主体的集群水平与第三产业的比重呈现负向关系。第三，珠三角地区，城市质量提高对于第三产业发展的促进并不能抵消第二产业资本投入减少所造成的影响。

第3列和第6列列出了各解释变量与第二、第三产业产值之和占GDP比重的关系。结果表明，在全省和珠三角区域内，城市质量对二者之和的比重均没有显著影响，而企业集群水平每提高1个百分点，全省二者之和的比重提高0.130个百分点，珠三角地区增加0.067个百分点。在1%的显著性水平下，城市质量与企业集群水平的交叉项与第二、第三产业之和所占的份额负相关。究其原因，一方面，城市化水平高度化过程中，伴随着两个趋势：一是第二产业的发展由劳动密集型向资本、技术密集型转变；二是第二产业在经济中所占的比重减少，第三产业渐渐成为主导。[23]在城市质量提升的过程中，第二产业和第三产业之间存在着此消彼长的关系，其总和在国民经济中所占的份额并没有发生较大的变化。另一方面，目前全省范围内第二产业依然是国民经济的主体，第二产业较高的集聚规模导致第二、第三产业产值之和的比重与集群水平之间存在着正向关系。

5 主要结论和政策建议

本文用EViews6.0实证研究了广东省和珠三角地区产业结构同城市质量、企业集群间的关系，我们可以得出以下结论：

（1）城市质量的提升有力地带动了第三产业的发展，且促进效果呈递增趋势。无论是在全省范围内，还是在珠三角地区，伴随着城市质量的提高，第三产业的比重都是增加的，可见城市质量的改善，对于发展第三产业有着积极的推动作用。同时，保持其他条件不变的情况下，城市质量提高同样的比例，珠三角地区第三产业产值比重增加的幅度更大，说明在不同发展阶段，城市质量对第三产业的影响作用不同，且随着城市质量的提高，对第三产业的促进效果越来越突出。

（2）第二产业是企业集群的主体，其较高的集群水平促进了自身的快速发展。在全省和珠三角范围内，集群水平与第三产业比重负相关，但是与第二、第三产业产值之和的比重正相关，这说明第三产业的集群水平较低，对其发展的促进作用并不明显，集群企业集中体现在第二产业的集聚。第二产业集群性发展，并且形成了一定的规模，集群内部企业相互间的分工和联系，不仅

8

加强了单个企业的竞争优势，同时提高了集群企业的整体市场占有优势，加快了第二产业前进的步伐。

（3）第二产业产业层次较低，产品附加值不高；第三产业的主导地位不强，对第二产业拉动作用一般。目前广东省第二产业仍未达到资本、技术密集型的发展阶段，自主研发能力较差且产业相似度较高，伴随着城市质量的提升带来的第三产业的发展，挤出了部分第二产业，其产业转移带来的企业数量的减少并不能以深加工度化促使产品附加值提高来进行弥补。同时，第三产业比重与集群水平之间存在着负向关系，说明区域内第三产业的专业化分工和联系并不紧密，并没有形成完善的现代服务业体系，其发展对第二产业的拉动作用并不明显。

针对上述结论，本文提出如下政策建议：

首先，强化城市质量，发展现代服务业，带动第三产业提升。一方面，要加强城市基础设施的建设，加大城市在科技、教育、医疗、卫生等各个领域的资本投入，营造良好的城市生活环境；另一方面，要强化制度规范，建设良好的市场秩序，保证优良的投资环境，提高对于外来资本的吸引力。伴随着城市质量提升对于人才、资本、技术等资源的吸引力增加，必然促使科技创新的发生，并带动传统服务业向现代服务业的转变，改善第三产业，进而引领产业结构升级。

其次，优化企业集群，加强产业链整合，促使第二产业向产品深加工度化方向发展。企业集群能够促进内部企业间信息资源的汇聚和共享，促使企业之间形成更加细化的分工和专业化生产。政府要支持和引导企业的集群性发展，有选择性地引入外来企业，避免集群内部企业过度相似；同时要进一步完善产业链的体系，引导产业关联度较高的企业加强相互联系和合作，促使产品的加工更加细化，提升第二产业的生产效率，增强竞争力。

最后，提高信息化和自主创新水平，以技术进步推动产业层次的全面提升。第一，政府要加强信息化建设，完善信息网络体系，保证区域内信息的快速传递和资源的高度共享。第二，一直以来依靠引进外来技术带动科技快速进步，是广东省促进产业升级的主要途径。但在以后的发展中，企业应该积极地加强自主创新，尤其是珠三角地区，应该加大科研投入的力度，提升自主创新的意识，以此发展现代服务业并充分发挥其区域核心引领作用，带动第二产业向高加工度化、高附加值方向转变，全面提升产业层次，进而促进产业结构升级。

〔参考文献〕

[1] 苏雪串. 促进产业结构升级的城市化战略 [J]. 经济学动态，2003 (7)：32-34.

[2] 陈建军，陈菁菁，黄洁. 空间结构调整：以加快城市化进程带动产业结构优化升级 [J]. 广东社会科学，2009 (4)：13-21.

[3] 邱玲. 城市产业结构优化的纵向测度与横向诊断模型及应用——以北京市为例 [J]. 地理科学，2010，29 (2)：327-337.

[4] 王可侠. 产业结构调整、工业水平升级与城市化进程 [J]. 经济学家，2012 (9)：43-48.

[5] 张亚斌，黄吉林，曾铮. 城市群、"圈层"经济与产业结构升级——基于经济地理学理论视角的分析 [J]. 中国工业经济，2006 (12)：45-52.

[6] 刘振灵. 偏离—份额模型的改进及对辽宁中部城市群产业结构演进的分析 [J]. 软科学，2009 (9)：95-101.

[7] 李诚固，黄晓军，刘艳军. 东北地区产业结构演变与城市化相互作用过程 [J]. 经济地理，2009，29 (2)：231-236.

[8] 朱政，郑伯红，贺清云. 珠三角城市群空间结构及影响研究 [J]. 经济地理，2011，31 (3)：404-408.

[9] [英] 马歇尔. 经济学原理 [M]. 朱志泰，陈良璧译. 北京：商务印书馆，1991：19-27.

[10] Minoru Nishida. Innovation and Industrial Structure in the Era of Information Technology and Global Competition [M]. School of Economics, Kwansei Gakuin University, 1996：10-18.

［11］ Porter M.E.. Clustes and the New Economics of Competition ［J］. Harvard Business Review，1998，76（6）：77-90.

［12］ Gordon H.Hanson. Scale Economies and the Geographic Concentration of Industry ［J］. Journal of Economic Geography，2001，1（3）：255-276.

［13］ 许箫笛，王子龙，徐浩然. 基于合作创新的企业集群竞争优势研究 ［J］. 软科学，2005（6）：87-88.

［14］ 施卫东. 城市金融产业集聚对产业结构升级影响的实证分析——以上海市为例 ［J］. 经济经纬，2010（6）：132-136.

［15］ 马萍，刘丽明. 高新技术企业集群——地区产业结构升级的推进器 ［J］. 价值工程，2004（5）：17-19.

［16］ 邵文武，林秀梅，苗亚春. 产业集群促进产业结构调整机理分析 ［J］. 科技管理研究，2010（7）：109-112.

［17］ Dayasindhu. Embeddedness, Knowledge Transfer, Industry Clusters and Global Competitiveness: A Case Study of the Indian Software Industry ［J］. Technovation，2002，22（9）：551-560.

［18］ Zucchela A. Local Cluster Dynamics: Trajectorie of Mature Industrial Districts between Decline and Multiple Embeddedness ［J］. Journal of Institutional Economics，2006，2（1）：21-44.

［19］ Lars Hakansona. Epistemic Communities and Cluster Dynamics: On the Role of Knowledge in Industrial Districts［J］. Industry and Innovation，2005，12（4）：433-463.

［20］ 孙晶，许崇正. 空间经济学视角下"经济引力"模型的构建与运用——以2010年长三角地区经济数据为例 ［J］. 经济学家，2011（7）：37-44.

［21］ Iammarino S., McCann P.. The Structure and Evolution of Industrial Clusters: Transactions, Technology and Knowledge Spillovers ［J］. Research Policy，2006，35（7）：1018-1036.

［22］ 王保林. 珠三角地区产业结构改造、升级与区域经济发展 ［J］. 管理世界，2008（5）：172-173.

［23］ 姚志毅. 全球生产网络下对产业结构升级的测度 ［J］. 南开经济研究，2011（6）：55-65.

Research on the Effect of Urban Quality and Enterprise Clusters on Industrial Structure Upgrading

—Empirical Analysis of Economic Data Based on Guangdong Province

Peng Wang   Debin Song

(College of Economics Jinan University, Guangzhou, Guangdong, 510632)

Abstract：Information technology and technical innovation are the two main driving forces to promote the upgrading of the industrial structure, cities and clusters is an important carrier and means to enhance regional information and the ability to innovate, existing studies rarely take both and industrial structure together to conduct a comprehensive analysis. Based on the whole local perspective, this paper uses the ten years data of Guangdong province to analysis the effect of urban quality and cluster level to industrial structure upgrading within the scope of Guangdong Province and the Pearl River Delta region. The study results show that: both urban quality and enterprise clusters can upgrade industrial structure, however, the effects on each industry are different. The Pearl River Delta region has a significant positive correlation between the urban quality output with the tertiary industry, and the high quality of urban tertiary industry output increases higher than the average of Guangdong province. Enterprise cluster level has a role in promoting the development of the secondary industry, but negative related with the development of tertiary industry.

Key Words：Urban Quality; Enterprise Clusters; Upgrade the Industrial Structure; Panel Data

JEL Classification：R11

基于 TOE 框架的电子商务发展研究
——以汕潮揭三市为例

中国人民银行汕头市、潮州市、揭阳市中心支行青年课题组

[摘　要] 本文利用 TOE 框架分析了企业采用电子商务的影响因素，并通过问卷调查收集了汕头、潮州、揭阳三市 126 家企业的数据。在对调查数据进行因子分析的基础上，利用 Logit 模型进行了实证分析。结果表明：相对优势、员工的电子商务水平、管理者态度、竞争压力以及行业协会支持是企业采用电子商务的促进因素；复杂性、企业经营年限是企业采用电子商务的抑制因素；企业普遍认为采用电子商务需要政府的支持。基于此，本文针对汕潮揭电子商务发展提出了相应的政策建议。

[关键词] 电子商务；影响因素；TOE 框架；Logit 模型

[JEL 分类] O33

1　引　言

电子商务能够为企业提供许多好处。例如，通过实施和使用电子商务，卖方得以进入分布广泛的市场细分领域；买方则能够以更低的成本在全球市场上获得更多的产品。电子商务带来的好处还包括产品质量的改善和现有产品销售方式的创新。除了大公司外，中小企业也能够从电子商务中获益。电子商务为中小企业提供与大公司公平竞争的平台，提供地点和时间的独立性，并缓解了通信问题（Grandon & Pearson，2004）。然而，尽管电子商务有许多潜在优势，但是仍然有许多因素阻碍着企业采用电子商务，例如资金短缺、技术知识的缺乏、无法雇用和留住专业人员、网络基础设施不完善等问题。一些企业特别是中小企业自身无法解决这些问题，这也是政府部门、行业协会和金融机构必须通过政策和援助计划支持和鼓励企业采用电子商务的原因。因此，理解企业采用电子商务的促进和抑制因素，进而对促进因素加以政策支持、对抑制因素加以改善，这对于支持地方电子商务的发展来说是非常重要的。

本文立足汕潮揭三市开展研究，主要是考虑到三市电子商务较为领先的发展现状，且同属潮汕地区，文化差异不大，因此在实践上具有借鉴意义。汕头市是国家电子商务示范城市之一，2013 年电商交易规模超过 400 亿元。截至 2014 年 5 月，全市有五个电子商务产业园区已建成启用，两个在建园区建设步伐加快，四个项目纳入国家电子商务应用试点，汕头的电子商务产业发

[项目基金] 本文为中国人民银行汕头市中心支行、潮州市中心支行、揭阳市中心支行 2014 年青年课题组研究成果。TOE 框架（Technology-Organization-Environment Framework），即技术、组织、环境框架。

[作者简介] 课题组组长：陈洁文；成员：杜晓峰、李帆、陈少鹏、曾晓冬、黄勇、温世清。

陈洁文，男，广东普宁人，供职于中国人民银行汕头市中心支行；杜晓峰，男，广东澄海人，供职于中国人民银行汕头市中心支行；李帆，男，广东汕头人，供职于中国人民银行汕头市中心支行；陈少鹏，男，广东潮州人，供职于中国人民银行潮州市中心支行；曾晓冬，女，广东潮州人，供职于中国人民银行潮州市中心支行；黄勇，男，江西南昌人，供职于中国人民银行揭阳市中心支行；温世清，男，广东揭阳人，供职于中国人民银行揭阳市中心支行。

展水平在地级市中处于领先位置。揭阳市的军埔村在 2013 年发展成为全国闻名的电商村，是中国 14 个成规模的"淘宝村"之一。军埔村共 490 户 2690 多人，从事电商的村民过半，该村共经营淘宝网店 1400 多家、实体店 38 家，月成交额达到 1 亿元。潮州市也建立了"潮州市国际电子商务应用平台"、"潮州国际陶瓷交易网"，鼓励企业进驻平台，针对陶瓷、电子等本地重点产业进行开发建设。

为了研究技术创新采用的影响因素，Tornatzky 和 Fleischer（1990）提出了 TOE（Technology-Organization-Environment，技术、组织、环境）框架，TOE 框架在信息技术领域得到了广泛的研究。由于电子商务的实施需要技术的发展、组织上的推动者、必要的业务和组织重构，并且可能改变行业环境（或被行业环境改变），因此国内外许多学者也利用 TOE 框架从技术、组织和环境三个层面对电子商务采用的影响因素进行研究。基于此，本文使用 TOE 框架从技术、组织、环境三个层面对汕潮揭三市企业采用电子商务的影响因素进行研究，一方面充实电子商务方面的实证研究，另一方面为政策制定者如何支持电子商务发展提供参考。

2 研究假设

基于 TOE 框架以及电子商务采用相关的研究文献，我们将影响电子商务采用的因素分为三个层面，即技术层面、组织层面和环境层面。我们的研究假设如下：

2.1 技术层面

我们检验技术层面的相对优势、复杂性这两个因素。相对优势指的是企业认为采用电子商务后与采用前相比的改善程度，相对优势的程度通常以利润、成本降低、效率提高来表示，对电子商务相对优势的认知会激励企业采用电子商务；复杂性表示企业认为电子商务技术难以使用的程度，电子商务所需的技术知识、设备和经验的复杂性可能会阻碍其被采用。根据先前文献的研究结果，我们提出技术因素相关的研究假设如下：

HTa：相对优势与企业采用电子商务存在正相关关系。
HTb：复杂性与企业采用电子商务技术存在负相关关系。

2.2 组织层面

我们检验组织层面的四个因素：员工的电子商务知识、资金的消耗、风险的认知、管理者的支持。

员工的电子商务知识对于企业采用电子商务来说是非常重要的。采用电子商务技术需要员工工作态度、能力和电子商务知识的转变。

资金也是影响企业采用电子商务的一个因素，特别是中小企业。即使管理者认为需要采用电子商务，但企业往往缺乏足够的资金从而阻碍电子商务的采用。因此，认为采用电子商务需要消耗更多资金的企业采用电子商务的可能性越低。

电子商务环境是否安全会影响企业采用电子商务。采用电子商务可能会使企业失去重要的信息，或者破坏公司原有的客户关系。对电子商务更加信任的企业也更有可能参与电子商务。因此我们认为对电子商务风险越敏感的企业采用电子商务的可能性越低。

高层管理者的支持能够促进企业采用电子商务技术。电子商务带给企业的变化不仅是技术上的，同时伴随着企业管理模式的转变。这就要求企业的高层管理者具有勇于创新的勇气，排除各方面阻力，转变企业旧的管理方式。因而，电子商务技术的成功采纳离不开高层管理者的大力支持。

经过以上分析，组织层面相关的研究假设如下：

HOa： 企业员工的电子商务知识与企业采用电子商务存在正相关关系。

HOb： 采用电子商务的资金消耗与企业采用电子商务存在负相关关系。

HOc： 对电子商务的风险认知与企业采用电子商务存在负相关关系。

HOd： 管理者的支持与企业采用电子商务技术存在正相关关系。

2.3 环境层面

环境层面我们检验影响企业电子商务采纳的三个因素：竞争压力、行业协会支持和政府支持。

竞争者和上下游企业分别是竞争力分析的波特五力模型中的重要因素。处于越激烈竞争环境的企业越有可能采用电子商务，而供应商和客户的压力也会对企业采用电子商务产生影响。采用电子商务外部压力的另一个常见形式来自客户的需求，例如品牌公司要求他们的供应商采用电子商务。因此，来自交易伙伴、客户或者母公司强制的压力可能是企业采用电子商务的一个重要因素。

新技术的采用并非纯粹个体的过程，而是由行业协会和专业团体共同决定促进某项标准而形成的。在国际商务活动的背景下，行业协会支持可能是企业采用电子商务的一个新的因素。通过加入专业团体，大型企业也可以帮助中小企业采用新技术和电子商务。我们检验企业对行业协会的看法与企业采用电子商务的关系。

与行业协会的影响方式类似，政府的政策和协议也会对企业采用电子商务具有直接和间接的刺激效应。特别是在发展中国家，政府的激励措施、补贴政策、投资税抵免和研发税抵免或者直接获得政府资助都会鼓励企业采用新技术（LE etc.，2012）。同样，我们检验企业对政府支持的看法与企业采用电子商务的关系。

综上所述，环境层面的影响因素研究假设如下：

HEa： 竞争压力与企业采用电子商务技术存在正相关关系。

HEb： 对行业协会支持的认知与企业采用电子商务存在正相关关系。

HEc： 对政府支持的认知与企业采用电子商务存在正相关关系。

3 实证分析

3.1 数据收集和描述性统计

本文利用调查问卷的方式收集数据。首先，根据相关文献拟定调查问卷中各观察变量以及问题类型。问卷将问题分为四个部分，分别为基本概况、技术层面因素、组织层面因素和环境层面因素。问卷采用 Likert 七点量表进行测量，要求调研对象针对其所在公司的电子商务技术采用状况与调查问卷的陈述进行对比，数字越大，表明认同度越高。

本次调研选择企业中的中高层管理者作为关键信息提供者来填写调查问卷，因为他们对于企业的资源和整体情况有比较深入的了解，能够较好地掌握决策层对企业采用电子商务技术的看法。我们在汕头、潮州、揭阳三市通过商业银行向企业发放调查问卷，用两周的时间收到了 126 份有效问卷，其中汕头地区收回 35 份，潮州地区收回 50 份，揭阳地区收回 41 份。

在本次收集的样本中，企业类型包括批发零售业、制造业、服务业以及其他类型；企业性质包括国有企业、集体企业、私营企业、中外合资企业、外商独资企业，其中私营企业和国有企业占多数，为近 90%；超过 80% 的企业员工人数少于 500 人，所以样本企业以中小企业居多；样本企业的平均经营年限为 18 年。样本企业的基本情况如表 1 所示。

表 1 样本企业的基本情况

特征	内容	样本数量（个）	所占比重（%）
企业类型	批发零售业	32	25.40
	制造业	48	38.10
	服务业	25	19.84
	其他	21	16.67
企业性质	国有企业	26	20.80
	集体企业	3	2.40
	私营企业	89	71.20
	中外合资企业	4	3.20
	外商独资企业	3	2.40
员工人数	≤50 人	39	31.20
	51~200 人	33	26.40
	201~500 人	36	28.80
	>500 人	17	13.60
经营年限	1~9 年	39	31.20
	10~19 年	41	32.80
	20~49 年	35	28.00
	≥50 年	10	8.00

从调研对象情况来看，41.27%是企业的高层管理者，58.73%是企业的部门负责人，符合本次研究对答卷人的要求。男性比例为 62.70%，女性比例为 37.30%；调研对象平均年龄为 37.4 岁；调研对象近 80%拥有本科学历；平均工作年限为 10 年，说明本次调研的对象大多数对企业的运营状况有着深入的了解和认识。调研对象的基本情况如表 2 所示。

表 2 调研对象的基本情况

特征	内容	样本数量（个）	所占比重（%）
性别	男	79	62.70
	女	47	37.30
年龄	20~29 岁	18	14.40
	30~39 岁	58	46.40
	40~49 岁	40	32.00
	50 岁以上	9	7.20
教育程度	高中	25	19.84
	本科	100	79.37
	硕士	1	0.79
职位	高层管理者	52	41.27
	部门负责人	74	58.73
工作年限	1~4 年	30	23.81
	5~9 年	32	25.40
	10~19 年	43	34.13
	20 年以上	21	16.67

3.2 效度和信度检验

效度（Validity）反映了测量工具能够正确无误地测出潜在特质的程度，也就是研究者可以掌握到抽象意义的程度；信度（Reliability）代表测量的可靠程度，或不受测量误差影响真分数测量的程度。为了检验量表的效度和信度，首先，我们对数据采用主成分分析法提取因子，并进行最大方差旋转。

根据 Nunnally 在 1978 年的观点，因子载荷大于等于 0.5 时，即可宣称项目具有良好的效度。我们将因子载荷小于 0.5 的指标删除，并重新对数据进行因子分析、重新估计，保证各项指标的标准化载荷均大于 0.5。随后，我们计算每个因子的 Cronbach 的 α 系数值以检验量表的信度。根据 Hair 等（1998）的观点，量表信度需达 0.70 以上才可以接受。我们量表中八个因子的 Cronbach 的 α 系数值介于 0.806~0.924，均大于 0.7 的临界值，[①] 说明量表的信度较高，变量之间具有较高的内部结构一致性和稳定性。检验结果如表 3 所示。

表 3　效度和信度检验

变　量	测量项目数	Cronbach 的 α 系数	特征值	累计贡献率（%）
竞争压力（Ea）	7	0.924	4.95	14.55
相对优势（Ta）	7	0.920	4.41	27.52
员工电子商务知识（Oa）	5	0.892	3.90	38.99
管理者态度（Od）	4	0.930	3.69	49.86
行业协会支持（Eb）	4	0.809	2.96	58.57
复杂性（Tb）	3	0.806	2.17	64.96
风险认知（Oc）	2	0.848	2.12	71.20
政府支持（Ec）	2	0.895	2.11	77.41
资金消耗（Ob）	1	—	1.45	81.68

综上所得，我们的测量模型符合信度和效度标准。因此，基于该因子分析的因子得分可以作为第 3.3 节 Logit 回归的自变量。

3.3 Logit 模型及变量设置

由于企业是否采用电子商务是一个 0~1 虚拟变量，因此我们采用二元 Logit 模型来考察其影响因素。基于前文第二部分讨论的电子商务采用的影响因素，我们将 Logit 模型形式设定为：

$$\ln\left(\frac{P_i}{1-P_i}\right) = \beta' X_i + e$$

P_i 是企业采用电子商务的估计概率；X_i 为解释变量的向量；β 为待估参数向量；e 为误差项。表 4 列示了实证估计所使用的变量和变量含义，并给出了各变量对企业采用电子商务的预计影响方向。该模型包含了第二部分定义的九个假设，检验这九个假设相当于检验系数 β 是否非零；显著为正的系数表示该变量是采用电子商务的促进因素，而显著为负的系数表示该变量是采用电子商务的阻碍因素。同时我们加入了企业经营年限作为控制变量，并对其取自然对数以减少数据的波动，再进行标准化以消除量纲的影响。[②]

---

① 资金消耗只有一个观测指标，因此不计算 Cronbach 的 α 系数值。
② 由于企业规模与企业经营年限存在较强的相关性，因此我们这里只将企业经营年限作为控制变量。

表 4　Logit 模型中使用的变量

变量		变量含义	预期的影响方向
因变量	ado	虚拟变量，采用电子商务企业为 1，未采用电子商务企业为 0	
自变量	Ta	相对优势的因子得分	+
	Tb	复杂性的因子得分	−
	Oa	员工电子商务知识的因子得分	+
	Ob	资金消耗的因子得分	−
	Oc	风险认知的因子得分	−
	Od	管理者态度的因子得分	+
	Ea	竞争压力的因子得分	+
	Eb	行业协会支持的因子得分	+
	Ec	政府支持的因子得分	+
	zFA	ln（企业经营年限）	

3.4　回归结果

Logit 模型回归结果列示在表 5 中，样本数 N = 126。显著的似然比（LR = 79.885，P < 0.001）意味着因变量与自变量间有着密切的联系。Nagelkerke 的 R^2 值表明 Logit 模型解释了数据 62.7% 的变异。（Hosmer-Lemeshow 卡方值 = 5.663，P = 0.685）表明该 Logit 模型与将观测值正确分组的理想模型不存在显著差异。

表 5　Logit 模型回归结果

变量	系数	标准误	P 值
Constant	0.299	0.255	0.240
Ta	0.757***	0.247	0.002
Tb	−1.570***	0.309	0.000
Oa	0.577*	0.331	0.082
Ob	0.516**	0.256	0.044
Oc	−0.413	0.304	0.175
Od	1.343***	0.290	0.000
Ea	0.582**	0.291	0.045
Eb	0.640***	0.197	0.001
Ec	−0.243	0.258	0.348
zFA	−1.016***	0.296	0.001
LR statistic	79.885	Sig.	0.000
Cox & Snell R Square	0.470		
Nagelkerke R Square	0.627		
Hosmer and Lemeshow Chi-square	5.663	Sig.	0.685

注：*** 表示在 1% 置信水平下有效，** 表示在 5% 置信水平下有效，* 表示在 10% 置信水平下有效。

各项系数中显著为正的变量包括技术的相对优势、员工的电子商务知识、采用电子商务的资金消耗、管理者对电子商务的支持、网络的外部性、行业协会的支持；系数显著为负的变量包括电子商务的复杂性、企业的经营年限；系数不显著的变量有风险的认知、政府支持。

表 6 列出了模型预测的总体精确度为 81.7%。由于实际有 60 个未采用企业和 65 个已采用企

16

业，那么随机估计的准确率为 $(60/125)^2 + (65/125)^2 = 50.08\%$。因此，我们设定的 Logit 模型具有更高的识别能力。

表 6 识别能力

		预测值		准确率（%）
		未采用	采用	
观察值	未采用	49	11	81.7
	采用	12	54	81.8
综合				81.7

3.5 结果讨论

对于技术层面的影响因素，假设 HTa 得到实证结果的支持，说明企业认为电子商务技术的相对优势越明显，企业越容易采用电子商务。假设 HTb 被实证结果支持，说明电子商务复杂性是阻碍企业采用电子商务的一个因素，即企业如果认为电子商务技术越复杂，则企业更加不愿意采用电子商务。

对于组织层面的影响因素，假设 HOa 被实证结果支持，说明员工的电子商务知识与企业采用电子商务正相关。假设 HOb 与实证结果相反，说明采用电子商务的企业与未采用的企业对采用电子商务引起的资金消耗在认知上存在差异，采用电子商务的企业对资金的消耗有更高的认知。值得注意的是，由于我们是通过商业银行向企业发放问卷，因此样本企业与银行的业务往来可能比一般企业更密切。从而样本企业从银行获取资金可能较为容易，受资金的约束可能也较一般企业少。假设 HOc 没有被实证结果支持，尽管系数为负，符合我们的预期，但系数并不显著。说明对电子商务的风险认知不是阻碍企业采用电子商务的主要因素。假设 HOd 与实证结果一致，说明管理者对电子商务的积极态度是促进企业采用电子商务的一个因素。

对于环境层面的影响因素，假设 HEa 与实证结果一致，说明竞争压力会促进企业采用电子商务，即随着竞争者和上下游企业采用电子商务，企业采用电子商务的可能性也越大，这也说明电子商务的采用存在网络效应。假设 HEb 被实证结果支持，说明行业协会的支持是企业采用电子商务的一个促进因素。假设 HEc 没有被实证结果支持，由于我们衡量的是企业对行业协会支持的看法，因此，我们检验了采用电子商务的企业和未采用电子商务的企业对政府支持的评分的差异，结果发现两者均认为采用电子商务需要政府的支持（评分的均值大约为 6，且显著异于 4），且不存在显著差异，这与 LE 等（2012）的研究结果不同。

作为控制变量的企业经营年限与采用电子商务显著负相关，说明经营年限越长的企业采用电子商务的可能性越小，而越年轻的企业采用电子商务的可能性越大。这可能是由于经营年限较长的企业通常组织结构和业务流程较为复杂，因而采用电子商务转变起来更加困难。而且，企业要想成功地把电子商务技术融入其价值链中去，需要其高级管理人员、各部门经理以及 IT 部门管理人员相互协调和紧密配合才能够实现。从这个意义上来讲，年轻的企业一般企业规模较小、组织结构较简单，因而转变起来较容易。

4 政策建议

根据我们的研究结果，我们以 TOE 分析框架为基础，对如何支持汕潮揭三市的电子商务发展提出一些政策建议。

4.1 技术层面

4.1.1 加强电子商务平台建设

政府部门可以加强电子商务平台的建设，使企业认识到采用电子商务的相对优势。一方面，电子商务平台的一大优势是拥有大量企业在交易中留下的信用信息，银行和电子商务平台的合作使这些信息得到充分利用；另一方面，由于电子商务平台批量进入的特点使其具有规模经济的特性，随着通过电子商务平台进行交易的企业数目的增加，其成本优势和信息优势会更加明显（赵岳、谭之博，2012）。因此，鼓励电子商务平台的建设和使用可以加强企业对电子商务相对优势的认知并降低企业对电子商务复杂性的认知。

4.1.2 借助广播、报刊等媒体提供高效的宣传

借助广播、报刊等媒体报道各地电商发展的新动态，介绍国家、省、市各级对电商业发展的方针政策、相关法律法规以及电商发展的经验。开辟讲座和访谈类内容，邀请专家和电商业界精英介绍经验。基层央行可以联合辖区各银行业金融机构开展"金融知识走进电子商务村"等主题宣传活动，通过刊物、银行网点、业务营销等渠道，加强企业对电子商务的认知。

4.2 组织层面

优质的人力资源是企业采用电子商务的一个重要因素，因此管理者和政府部门应该注重对电子商务技术知识和管理知识人才的培养。一是可以由政府或行业协会成立电子商务培训中心，定期组织开办电子商务培训班，比如揭阳电子商务培训中心就与阿里学院达成了合作协议，定期邀请阿里学院培训老师到揭阳进行授课，包括电商企业家、电商客服人员以及电商骨干的培训。二是加强汕潮揭三市行业协会的交流，开展电子商务分享沙龙等学习交流活动，进一步增进会员之间、区域之间的交流与合作。三是支持地方职业院校开设电商课程，将高校理论研究和企业生产实践对接起来，培养企业所需的电子商务人才。

4.3 环境层面

4.3.1 发挥政策联动效应

由于电子商务的发展存在网络效应，因此政府在电子商务发展的早期可以通过建立金融支持电子商务企业试验区加速电子商务的扩散，并逐步完善针对电子商务企业贷款的税收减免政策和风险补偿政策促进企业采用电子商务。一旦电子商务的扩散达到一定的临界水平，这种网络效应将会进一步加速电子商务的扩散。由于年轻的企业采用电子商务更有优势，因此政府部门可以鼓励更多的年轻企业采用电子商务，同时让经营年限较长的企业采用与其组织结构相适应的电子商务模式。行业协会可以促进行业内电子商务应用的经验反馈和技术信息的交流，鼓励更多的企业采用电子商务。

4.3.2 推广电子商务交易平台与信用评估机构的合作模式

政府部门或基层央行可以开发电子商务征信系统，建立起完整的电商信用信息采集、管理、信用评级、综合运用的金融生态链，通过后续评级，提升电子商务企业整体资信状况、增强融资能力，营造良好的电子商务信用环境。有条件的地区可探索由市场机构（比如电子商务融资平台）按市场化原则依法采集信息，建立电商企业信用信息数据库。根据赵岳和谭之博（2012）理论模型的分析，电子商务融资平台的创建可以采取政府部门与银行和电子商务平台共建风险池的方式支持电子商务平台的发展。这种方式的好处是在银行和电子商务平台联合的新型融资模式下，通过向风险池注资，政府可以借助电子商务平台的信息甄别机制，真正帮助经营效率高、风险低的优质电商企业获得银行贷款。

〔参考文献〕

［1］Grandon E.E., Pearson J.M.. Electronic Commerce Adoption: An Empirical Study of Small and Medium US Businesses［J］. Information & Management, 2004（42）: 197-216.

［2］Hair Jr.F., R.E. Anderson, R.L. Tatham and W.C. Black. Multivariate Data Analysis［M］. New York: Macmillan, 1998.

［3］Jeon B. N., Han K. S. and Lee M. J.. Determining Factors for the Adoption of E-business: the Case of SMEs in Korea［J］. Applied Economics, 2006（38）: 1905-1916.

［4］Le Van Huy, Frantz Rowe, Duane Truex, Minh Q. Huynh. An Empirical Study of Determinants of E-commerce Adoption in SMEs in Vietnam an Economy in Transition［J］. Journal of Global Information Management, 2012, 20（3）: 1-35.

［5］Li D., Lai F., Wang J.. E-Business Assimilation in China's International Trade Firms: the Technology-Organization-Environment Framework［J］. Journal of Global Information Management, 2010, 18（1）: 39-65.

［6］Tornatzky L.G, M. Fleischer. The Processes of Technological Innovation［M］. New York: Lexington Books, 1990.

［7］Zhu K., Kraemer K.L., Xu S.. Electronic Business Adoption by European Firms: a Cross-Country Assessment of the Facilitators and Inhibitors［J］. European Journal of Information Systems, 2003, 12（4）: 251-268.

［8］傅赞. 电子商务发展与融资模式创新探讨——以义乌为例［J］. 银企信用, 2011（11）: 67-71.

［9］何哲军, 朱茂然, 王洪伟. 企业电子商务采纳与应用关键影响因素实证研究［J］. 计算机工程与应用, 2009, 45（2）: 191-196.

［10］刘茂长, 鞠晓峰. 基于 TOE 模型的电子商务技术扩散影响因素研究［J］. 信息系统学报, 2013（11）: 13-30.

［11］刘茂长. 电子商务技术扩散影响因素模型与实证研究［D］. 哈尔滨: 哈尔滨工业大学博士学位论文, 2009.

［12］王海燕. 电子商务发展的金融支持体系研究［D］. 南昌: 江西农业大学硕士学位论文, 2013.

［13］杨韵, 罗世华, 陶冶. 电子商务融资环境分析及创新模式研究——以佛山市顺德区为例［J］. 顺德职业技术学院学报, 2013, 11（4）: 86-90.

［14］赵岳, 谭之博. 电子商务、银行信贷与中小企业融资—— 一个基于信息经济学的理论模型［J］. 经济研究, 2012（7）: 99-112.

A Study of E-commerce Development based on Technology-Organization-Enviroment Framework

—A Case of Shantou, Chaozhou and Jieyang Cities

The People's Bank of China Shantou City, Chaozhou City, Jieyang City Center Branch of the Youth Group

Abstract: Using the Technology-Organization-Environment framework, this study analyses the factors which influence enterprises' e-commerce adoption. We collect data from 126 enterprises by questionnaire survey in three cities, Shantou, Chaozhou and Jieyang. After the major factors are extracted by applying the principal component analysis to the survey data, we conduct empirical analyses by Logit model on the data. The empirical results suggest that relative advantages, employees' knowledge of e-commerce, attitudes of managers, competitive pressure and support of industries are adoption drivers; while complexity, firm age are adoption inhibitor; enterprises generally agree that e-commerce adoption needs the support of government.Based on the results of this study, we point out the inadequacies of the development of e-commerce in the three cities, and offer the policy implications accordingly.

Key Words: E-commerce; Factors Affecting; TOE Framework; Logit Model

JEL Classification: O33

潮汕三市金融一体化现状及发展
——基于空间计量的分析

吴庆源

（中国人民银行揭阳市中心支行，广东揭阳，522010）

[摘　要] 本文从空间计量分析的视角，对潮汕三市金融一体化的现状及发展进行了具体的阐述，结论认为：①在广东省地市经济金融发展布局中，潮汕三市呈现明显的集聚现象，GDP、交通运输的明显集聚为金融一体化奠定了基础，而金融发展的各项指标也形成集聚，与珠三角地区形成明显的高低水平对比。②三市金融发展存在协同现象，但是金融机构发展互相渗透程度不高，金融市场融资机制不够完善，三市之间必须协同发展，将金融服务做强做大。在此基础上，本文提出相关政策建议。

[关键词] 空间相关；金融一体化；融资渠道
[JEL 分类] G00

1 引　言

按照《中国人民银行广州分行关于金融支持粤东西北地区振兴发展的指导意见》以及广东省发展改革委《关于加快推进汕潮揭同城化发展建设粤东城市群工作方案》，要发挥潮汕三市发展相对优势，互相协调、互相补充，将金融一体化与产业协作互相结合，实现交通通畅、产业发达、金融服务完善的目标。作为粤东西北发展滞后地区，潮汕三市的地理位置相互靠近、人文特征颇为相似，而经济发展水平也同样处于相对于珠三角地区较为落后的地位。面对金融一体化问题，三市之间的金融发展水平如何，相互之间差异多大，面对金融一体化的加深问题，三市存在多大的协同合作空间，以上问题的厘清，将为未来进一步推进三市金融一体化奠定坚实的基础。

2　金融一体化空间分析方法

潮汕三市金融一体化问题，实际上是一个地域空间上金融机构互相渗透、金融资源互相整合、金融渠道互相沟通的过程。对于地域之间的金融发展问题，货币地理学派认为，货币具有与生俱来的空间性（Martin，1999），货币地理性的四个方面为：区位结构、制度的地理性、监管的空间性以及整个国家的公共金融空间。KindleBerger（1974）以集聚理论为基础，认为规模经济使银行和其他金融机构选择一个特定的区位。首先，外部规模经济是自我加强的，更多的金融部门在一个区域内定位，那么这些区域对于其他金融参与者来说更加具有吸引力。商业银行通过跨区域经

[作者简介] 吴庆源，汉族，1987 年出生，中级经济师，硕士研究生，供职于中国人民银行揭阳市中心支行，研究方向为货币与产业，邮箱：qywken@gmail.com。

营，实现资金链的地理扩张，增加固定资产、人力资源规模，能够调动更多的内部资源，实现规模经济。其次，区域内金融部门的增加，会带来外部经济，吸引其他金融参与者的到来。潮汕三市的金融服务一体化，比如地方法人机构跨区域设立问题，扶持本地金融企业。金融市场的直接融资问题，反映到地理空间上，就是一个区域集聚问题。本文即从空间分析的视角对三市金融发展进行分析。

以往研究大多数仅考虑时间序列分析，但是潮汕三市相互毗邻，在地理空间上具有密切联系，考虑三市金融一体化，可采用空间计量方法。在空间计量经济学中衡量空间相关的有全局空间相关的 Global Moran's I 和局部空间自相关的 Local Moran's I 统计量，用以测度研究地理范围上从单一的城市到省（州）、国家甚至多个国家组成的网络。全局空间相关的 Global Moran's I 具体如下：

$$I = \frac{N}{S_0} \frac{x'Wx}{x'x},$$

其中，W 为空间权重矩阵，S_0 为 W 中所有元素之和，N 为空间单元数。关于 W，一般采用二进制邻接矩阵；或者采用如下距离权重矩阵：

$$w_{ij} = e^{-\alpha d_{ij}}; \quad w'_{ij} = \frac{w_{ij}}{\sum\limits_{j} w_{ij}}$$

3 实证分析

3.1 广东省内空间相关分析

本文参照广东省 21 个地级市的空间地图数据，对广东省内空间集聚现象进行分析。各个地级市的经济数据均来源于《广东省统计年鉴》。我们对地市数据进行空间相关分析，所得结果反映在空间聚类图上，评判标准如图 1 所示。如果没有颜色，表明地市与周边城市并不存在空间相关，如果处于 High-High 区域，表明该地市与周围城市处于高度相关的低指标水平；如果处在 Low-Low 区域，表明该地市与周边城市处在高度相关的低指标水平区域；其他表明区域间存在相反空间关系。

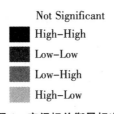

Not Significant
High-High
Low-Low
Low-High
High-Low

图 1　空间相关衡量标准

从 GDP 发展水平来看，我们观察 2012 年 GDP 数据的空间相关图（见图 2），珠三角地区存在局部空间相关，而潮汕三市也同样存在局部空间相关。但是珠三角地区处于 GDP 高水平区域，而潮汕地区处于深色区域，为欠发达地区，但是三市之间的空间相关性表明该区域存在经济集聚。从 2012 年人均 GDP 空间相关图来看，也可以得出同样的结论。然而由图 3 结果显示，GDP 水平存在更广空间上的空间集聚，但仍然以珠三角地区和粤东地区两个集聚区域为主。

从地理位置来看，潮汕三市互相毗邻，人文环境较为相似，而其空间联系可以从交通运输情况进行分析。这里对 2012 年客运量进行空间相关分析，结果如图 4 所示。广东省内客运量在珠三角地区以及粤东地区形成集聚，潮汕三市中，除了潮州地区客运与周边地区相关性不显著外，揭阳地区、汕头地区以及梅州地区均表现出显著的相关性，但是客运水平相比珠三角地区较低，客运行业有待快速发展。

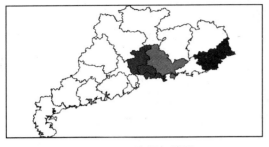 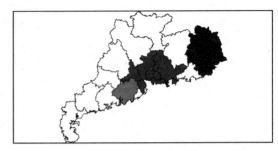

图 2　GDP 空间相关图　　　　　　　　　　图 3　PGDP 空间相关图

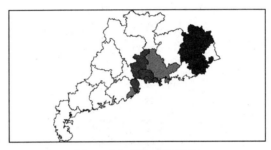

图 4　客运量空间相关图

接下来，我们着重对金融发展水平进行空间相关分析。我们选取的指标包括：贷款余额水平、存款余额水平、金融机构数量以及金融从业人数。其空间分析结果如图 5 至图 8 所示。

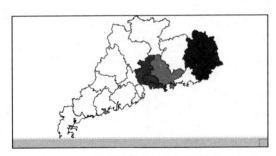 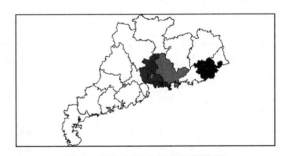

图 5　贷款余额水平空间相关图　　　　　　图 6　存款余额水平空间相关图

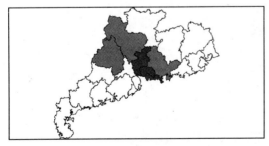 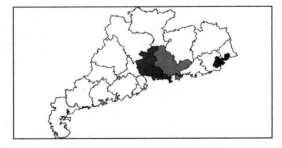

图 7　金融机构数量空间相关图　　　　　　图 8　金融从业人数空间相关图

从贷款余额水平的空间相关图上，我们可以看出粤东地区存在区域集聚，潮汕三市之间的贷款水平显著相关，但是相比珠三角地区的高水平集聚，潮汕地区贷款总量仍显较低，贷款业务有待扩张，而空间上的集聚现象使三市金融业存在统筹发展的空间。从存款余额水平的空间相关图来看，揭汕二市之间存在显著相关，空间集聚现象明显，而潮州地区则并没有与其他二市存在显著相关关系。从金融机构数量以及金融从业人数的空间相关图来看，珠三角地区存在部分地市的显著集聚，特别是广州和深圳地区，这表明珠三角地区人才流动存在集聚现象，而金融机构的发展也更加同步，金融机构的密集以及竞争的加剧促进了机构之间的往来联系以及网点扩张的协同性，使珠三角地区金融服务更加完善，潮汕地区目前人才集聚的孕育环境并不成熟，且金融机构的发展较为散乱，不存在协同效应。

从GDP发展水平、地理位置以及金融指标的空间相关分析结果来看，潮汕三市地理位置相互靠近，交通运输上的相关性更强，且经济发展存在集聚现象，这为潮汕三市金融一体化的发展奠定了基础。从金融一体化的角度来看，潮汕三市目前业务开展存在显著的空间相关性，存在金融一体化发展的趋势性和可能性，但是从软环境来看，三市金融人才流动并不频繁，机构网点的设置也相对散乱，缺乏统一规划，统筹布局，市场化水平不高。

3.2 潮汕三市金融一体化分析

为了对潮汕三市金融一体化进行进一步分析，我们对三市历年金融发展的情况进行细致的描述。

3.2.1 三市金融发展存在协同现象

从三市各自金融发展情况来看，揭阳、潮州二市存款余额相对接近，而汕头则相对优势较为明显，贷款余额方面三市从潮州、揭阳、汕头逐步增加。从"存款/GDP"、"存贷款总额/GDP"、"贷款/GDP"几个方面，揭阳、潮州相比汕头均相对较低，金融依赖程度不高。然而近年来揭阳市金融系统坚持金融服务实体经济原则，不断促进新增存款用于当地贷款，2013年末存贷比为46.93%，远高于汕头8.5个百分点，资金利用效率相对较高，但仍低于全省水平16.3个百分点，相对来说揭阳后发优势更为强劲，而潮州在存贷比方面仍显不足。尽管三市之间存在差异，但是由上文的分析我们得知，潮汕三市存贷款余额存在一定程度上的集聚，为了更进一步理解三市总量之间的关系，我们采用1997~2013年三市存贷款数据进行斯皮尔曼相关系数分析，结果如表1、表2所示。从斯皮尔曼相关系数表可以看出，三市存贷款数据具备一定的协同性，发展特征较为相似。

表1　潮汕三市存款数据斯皮尔曼相关系数

	揭阳	潮州	汕头
揭阳	1.0000		
潮州	0.8652	1.0000	
汕头	0.8578	0.9926	1.0000

表2　潮汕三市贷款数据斯皮尔曼相关系数

	揭阳	潮州	汕头
揭阳	1.0000		
潮州	0.9240	1.0000	
汕头	0.7574	0.7132	1.0000

3.2.2 三市金融机构发展步调相似

目前揭阳共有5家国有银行，1家股份制商业银行，6家农村中小金融机构，2家外资银行，1家政策性银行，1家邮政储蓄银行。汕头有5家国有商业银行，3家股份制商业银行，1家城市商业银行，5家农村中小金融机构，6家外资银行，1家政策性银行，1家邮政储蓄银行。潮州共有5家国有银行，1家股份制商业银行，5家农村中小金融机构，1家外资银行，1家政策性银行和1家邮政储蓄银行。三市近年来同处于快速引进外来金融机构的发展步调，其中以汕头在引入外来金融机构上最为迅速。截至2013年，汕头一共入驻东亚银行、恒生银行等8家金融机构，而揭阳也有4家已经落户或者处于筹备设立阶段。在地方法人银行机构，三市地方性金融机构发展指标均相对良好，其中在存贷款规模、利润水平和资产收益率等经营指标方面揭阳均居粤东第一位。

3.2.3　三市金融市场融资渠道发展各异，债券市场发展均处于弱势

3.2.3.1　票据承兑业务发展程度分析

三市银行机构签发银行承兑汇票，承兑汇票贴现累计发生额。

3.2.3.2　股票市场发展各异，汕头上市资源较为丰富

随着潮汕三市实体经济的增长，资本市场和股票市场得以逐步深化和繁荣。就目前发展水平来看，汕头资本市场建设更为发达，共有上市公司21家，且后备上市资源50余家，而揭阳仅有5家。汕头中小板、创业板上市公司达到16家，位列全国地市前列。21家上市公司直接融资达到159.99亿元，远远高于揭阳。汕头政府更出台鼓励企业上市的奖励措施，汕头市财政每年拨600万元扶持金融业发展。并且落实措施解决上市公司税收、土地规费等问题，为企业上市营造了较好的政策环境。总体来看，揭阳目前金融发展水平距离汕头还有一段差距，但是揭阳近年来金融增速超过汕头，且农村金融机构较汕头发展更好，资本市场建设方面则需要向汕头看齐。股票市场的不断发展给三市直接融资带来了空间，三市资本市场建设特征颇为相似，壮大区域市场的趋于同步一体化程度逐年提高。

3.2.3.3　债券市场尚未有效发展，三市存在统筹空间

按照《借助银行间市场　主推广东省经济发展合作备忘录》的签署，广东省银行间债券市场债务融资工具迅速扩大使用，佛山市首度运用"区域集优"模式促成中小企业集合票据发行。但是就潮汕三市目前债券市场的发展情况来看，尚未有地市独立发行中小企业债券。从三市财政收入情况来看，2013年三市财政收入状况如表3所示，就表3中数据来看，单独地市财政收入状况均远远低于佛山市的437.88亿元，对于债券担保来说相对较低。三市可以考虑债券发行的联合担保，统筹发布。

表3　潮汕三市2013年财政收入情况

地市	揭阳	潮州	汕头
财政收入	66.69	37.07	112.04

3.2.4　三市金融发展相关因素一体化加快

金融发展是经济发展的重要部分，而潮汕三市的金融发展与三市交通运输的统筹建设、产业发展水平等经济发展的一体化因素息息相关。我们将三市金融业增加值与GDP、交通运输仓储业、财政收入水平、城市化率进行斯皮尔曼相关系数分析，结果表明，金融业发展与其他几个指标发展高度相关。就三市经济一体发展水平来看：①交通运输快速一体化。揭阳潮汕机场是省内第三大干线机场，地处三市几何中心点；厦深高铁目前已经建成通车，揭阳涵盖潮汕、普宁、葵潭站，潮州涵盖潮汕、饶平站，汕头涵盖潮汕、潮阳站；港口建设方面，汕头港为国家沿海主要港口，粤东万吨级以上泊位21个，其中汕头占据18个，三市港口存在优势互补、统筹发展的空间。②城市化存在统筹布局空间。揭阳市辖2个市辖区、2个县、代管一个县级市；潮州市辖2个市辖区、1个县及1个县级管理区；汕头市辖6个区，1个县，揭潮二市城市规模相比汕头偏小。就三市城市发展水平来看，汕头城市化水平更高，城市设施更为完善；潮州城市发展的人文历史特征更加明显，旅游条件更为发达；揭阳城市扩容提质速度最快，三市存在统筹布局，共同

发展的空间。③产业发展优势互补，形成集聚。揭阳三次产业比重为 10.1：61.5：28.4，其中揭阳第二产业所占比重较大，分别为汕头、潮州、汕尾的 1.18 倍、1.11 倍、1.32 倍，制造业优势凸显。目前，揭阳已经形成石化产业、金属产业、服装产业、鞋业、医药产业以及玉器产业六大优势产业。汕头在第三产业发展方面相对更为迅速，揭阳第三产业比重仅为汕头的 0.67 倍，潮州在旅游产业发展方面拥有厚重的历史文化、独特的人文和自然景观，旅游产业发展后发资源优势明显。三市产业发展各自集聚，相互之间存在相对优势，可以优势互补，统筹发展。以上因素的一体化趋势发展与金融一体化共同促进，为金融一体化发展塑造了良好的条件。

4　本文结论及建议

经过潮汕揭三市金融一体化分析发现：①在广东省地市经济金融发展布局中，潮汕揭三市呈现明显的集聚现象，GDP、交通运输的明显集聚为金融一体化奠定了基础，而金融发展的各项指标也形成集聚，与珠三角地区形成明显的高低水平对比。②三市金融发展存在协同现象，但是金融机构发展互相渗透程度不高，金融市场融资机制不够完善，三市必须协同发展，将金融服务做强做大。接下来在上文的基础上，针对三市金融一体化发展提出相关政策建议。

4.1　促进金融机构发展和渗透

潮汕三市中，以汕头金融行业的发展水平较高，要鼓励三市金融机构发展经验交流，积极支持已经在汕头设立分支机构的全国性和区域性、外资商业银行到揭阳、潮州设立分支机构。潮汕三市作为一个区域发展的整体，要加强与珠三角地区的金融合作，对接金融中心城市业务辐射，推动银行、证券、保险、信托等机构的创新合作，积极引进外资金融机构，发挥境外机构跨区域经营优势及信息优势，谋求地区对外合作，促进地区金融竞争以及效率提升。解除农村商业银行，村镇银行在潮汕三市的经营限制，有利于扩大商业银行竞争力，实现充分竞争，提升经营效率。

4.2　发挥产业金融支持机制

组织地方产业"走出去"，鼓励三市企业相互对外发展市场，对对外合作示范企业给予融资贴息。鼓励三市银行机构开通通存通兑，取消三市跨市存取款异地手续费制度，促进三市实体经济之间资金往来。积极联合三市金融资源，为占据经济较大成分的中小微企业做好资金整合工作。组织地方性法人中小金融机构，对三市中小企业金融需求开展同步支持计划，争取专门授信额度，同时丰富针对小企业的信贷产品和服务。加快小额贷款公司、村镇银行、担保公司等小型机构的批设，引导民间资本进入金融领域，紧抓中小金融机构信贷管理，防范区域性金融风险。

4.3　充分发挥政府引导职能

利用财政资金的杠杆作用，建立产业财政扶持激励机制，建立新型企业信贷风险补偿基金、新型企业贷款贴息以及风险补偿奖励机制，促进三市重大项目的联合支持力度。鼓励三市政府联合设立专项资金，为三市中小企业集合债券发布做好配套工作。建立上市公司孵化机制，加强三市政府支持企业政策措施对接。积极挖掘培育优势企业上市，为揭阳企业上市融资提供辅导、咨询、保荐等服务。发展完善股权投资基金、创业投资基金等新兴金融组织，打造金融、产业对接平台。

〔参考文献〕

〔1〕Kindleberger. The Formation of Financial Centers：A Study in a Comparative Economic Theory〔A〕. Proceedings of the National Academy of Sciences of the United States of America〔C〕. 1974.

〔2〕R. Martin. The New Economic Geography of Money〔J〕. Papers in Regional Science，1999（1）.

〔3〕S. J. Rey，B. D. Montouri. US Regional Income Convergence：A Spatial Econometric Perspective〔J〕. Regional Studies，1999，33（2）.

〔4〕林光平，龙志和，吴梅. 我国地区经济收敛的空间计量实证分析：1978~2002〔J〕. 经济学（季刊），2005（10）.

〔5〕任英华，徐玲，游万海. 金融集聚影响因素空间计量模型及其应用〔J〕. 数量经济技术经济研究，2010（5）.

〔6〕吴玉鸣. 中国省域经济增长趋同的空间计量经济分析〔J〕. 数量经济技术经济研究，2006（12）.

Financial Integration Situation and Development in Three Cities of Chaoshan Cities

—Based on Spatial Econometric Analysis

Qingyuan Wu

(Jieyang City Center of the People's Bank of China，Jieyang，Guangdong，522010)

Abstract：This paper analyzes the current situation and development of Chaoshan Cities in the financial integration process，from the perspective of spatial econometric. The conclusion of this paper include：a.the three cities have show obvious agglomeration especially for the GDP and transportation. While showing a clear contrast with the the Pearl River Delta region. b. the finance development of three cities present co-phenomenon，while mutual penetration of setting financial institutions does not develop quite good，and the financial market financing mechanism is not perfect. On this basis，the paper put forward relevant policy recommendations.

Key Words：Spatial Relevant；Financial Agglomeration；Financing Channel

JEL Classification：G00

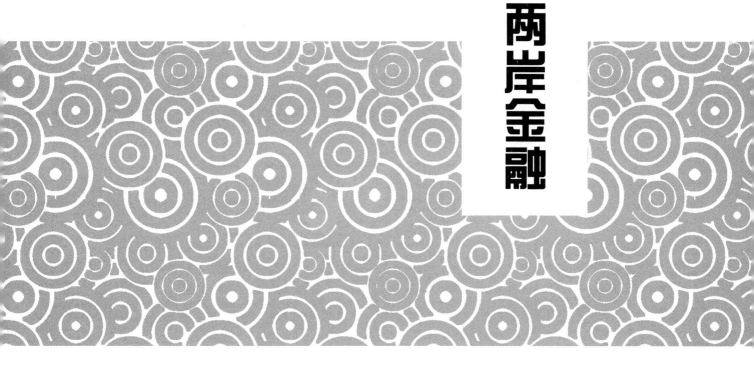

兩岸金融

浅谈运用产官学研资源于新创事业与育成机制：
兼论东莞台商如何运用金融服务于投融资战略

朱健齐　苏旸谷　麦健沛

（汕头大学商学院，广东汕头，515063）

[摘　要] 台商因应大陆投资环境变化，本文建议，参考产官学研四方合作的模式，台商应运用新创事业提升转型契机，利用民间与学校合作机会，做好技术转移与知识管理。针对台商产业特性及经营模式，台商应思考如何解决资金、人才、创新经营模式及通路等问题，顺利转型开拓大陆市场。本文建议，善加利用嘉惠学子的视角与妥善运用校方丰沛的知识资源角度进行两岸产学合作，主动寻求两岸研究单位的辅导资源，顺势结合中国现况金融服务的创新与松绑，在莞台金融合作的环境下，台商可以进行投资与融资工作的重新思考，化危机为转型契机。

[关键词] 台商；投融资；东莞；新创事业；产官学研

[JEL 分类] M21

1　前　言

东莞、深圳为台商在大陆广东省投资之前两大地区，合计占台商在广东省核准投资金额的53%，台商主要从事计算机电子产品、电子零组件、塑料制品、金属制品等制造业，近年受到国际市场需求不振、大陆生产成本上涨等影响，台商亟须转向拓展大陆内需市场，未来并进一步调整相关战略，再创企业新机。

转型与创新相关，而创新创业则需要上述电子加工和金属制造等传统产业，借机蓄积创意、创新、创业的"三创"能量，才有实力迎接中国全球化的变局与挑战。此际，随着美学、知识经济与软实力等议题兴起，善用科技的服务业创业也成为国际创新创业政策发展的主流，政府如能通过创新育成机制以及资源的扶助与平台相串联，将可引领中小企业朝高附加价值、高科技含量的创业形态发展，进而使东莞的台商经济实现从劳动密集型向知识创新型的转变。

近年来各国重要的国家发展课题，正是从这个方向鼓励科技研发与创新、技术商品化与商业化、提倡中小企业创业，并以创新、创业与新知识经济为基础，也再次呼应"国家创新系统"（National Innovation System，NIS）概念之实践。[1]

[作者简介] 朱健齐，男，1982 年出生，汉族，汕头大学商学院副教授，中国台湾中山大学企业管理系博士，研究方向为金融法律，邮箱：jqzhu@stu.edu.cn。曾任东海大学商学院兼任助理教授、中国台湾上市公司董事长特助、中国台湾地区财团法人法务暨项目经理与政策研究员、民间智财营销公司与律师事务所顾问。中国管理研究国际学会（LACMR）会员，目前参与剑桥大学商业研究中心全球化公司治理指标团队项目工作，同时协助私募基金与企业进行资金投放项目的评估与咨询。曾在中英文学术核心期刊发表论文数篇，出版著作一部。苏旸谷，1992 年出生，彝族，汕头大学商学院产业经济学在读研究生，邮箱：14ygsu@stu.edu.cn。麦健沛，男，1994 年出生，汉族，汕头大学商学院金融系在读学生，邮箱：13jpmai@stu.edu.cn。

研究创新育成机制时，需了解国家创新系统是国家科技政策（Technology Policy）的一环，其核心观点在于建立合适的创新研发与知识型产业发展基础，强调政府、产业、学术研究机构三方合作，推动符合国家长远发展利益的科技建设（Etzkowitz，2002），[2] 如基础建设、研发投入、人力投入、智慧产权机制、创新与创业推动等。因此，国家创新系统所关注的，不仅是科学与技术研发的投入，还包括成果面的技术商业化、个人创新与创业所带动的产业结构变迁，国家竞争优势的累积，以及由一系列的环节所构成的创新基础。

从国家创新系统的角度观察，会发现其中技术创新与创业（Technology Innovation & Entrepreneur）尤为关键，技术创新与创业沟通了研发端与市场端的链接，商业导向的雏形组织更是实际改变了国家产业结构的动力。所以，以推动科学与技术导向（Science & Technology-Based Enterprise）的创新育成机制发展政策，也日渐吸引为数众多的政策决策者、产业经营者、学术研究人士深切的关注，并凸显出推广技术创新与创业相关政策研究的必要性（UNESCAP，2001）。[3]

从创新育成机制扮演资源分配与服务内容的主导者的角度，笔者发现其以政府资源提供学研机构、政府经营单位与民间企业等成为育成母体的载体，进而协助创业者借由汲取技术、行政及财务资源等，提升其技术创新、商品开发、生存与成长的概率，并达到了促进产业发展与提升投资指标的效果。以此作为架构与运作，确实展现出十多年来创新育成机制努力耕耘及资源扩散下的成果，实质内涵更值得深究（见图1）。

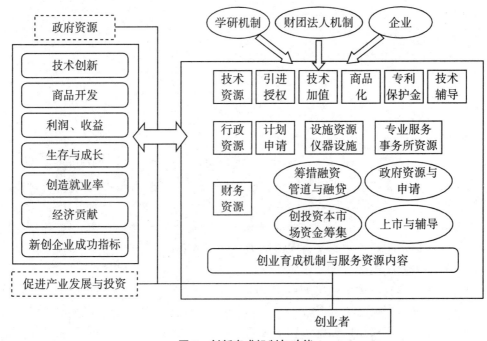

图1 创新育成机制与功能

资料来源：笔者自制。

本文首先介绍我国的产官学研资源如何运用于新创事业与育成机制，其次则参考相关数据，简要分析如何将美日中三国的优点结合，最后探索东莞台商最为关心的融资难问题，希望能给予学界与相关协会进行讨论，达到抛砖引玉的效果。

2 从中国火炬中心及上海科技创业中心的成功关键因素进行观察与分析

2.1 大陆各区域育成中心运作模式分析

大陆各地依照地区与发展程度不同，其育成中心的运作模式亦大相径庭，因此一般多以科技经费投入、科研人力投入、科技进步及技术转移水平三项指标作为区分，将中国各地区育成中心运作模式分为五类：第一类地区为经济发达、科技创新实力强的地区，如北京、广东、上海等，其主要运作模式为结合创业投资集团孵化模式与清华同方技术创新模式，通过官股创投，以研发中心作为桥梁，借由创投注入资金、参股解决中小企业资金问题。另外，清华同方技术创新模式，系与大陆高等院校、科研院所合作，依赖院校或科研院所的科技优势，协助中小企业创办科技企业，发展高新产业，有助于将科技资源积聚，有效地促进科技成果的技术移转与产业化，获得产学双赢的局面，亦借此解决中小企业的资金与技术不足问题。我国各区域孵化器运作模式如图 2 所示。

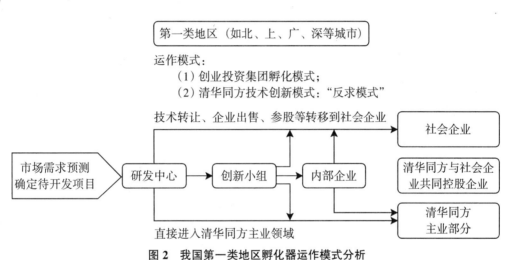

图 2 我国第一类地区孵化器运作模式分析

第二类地区是科研人员投入不足地区，如浙江、山东、江苏等，其主要分为专门人才企业育成中心（如生物医药留学人员创业园），以及育成中心专家系统，系为科技顾问团队主导。第三类地区的主要特征为科技投入高、产出低地区，如吉林、宁夏、黑龙江、重庆、天津、福建、辽宁、湖北、四川、陕西等，其主要运作模式系投资主体和投资方式都趋向多元化、房产的所有权和经营权有效分离的 SBI（Shared Business Incubator）模式，汉元孵化园即为一例，借由育成中心优质资产吸引民间资本进入育成中心领域，例如湖南省动物实验中心，其特色另有讲求多元化投资主体，提供资金和咨询服务，盈利能力强，满足发行债券的资格，提高育成中心的公司上市等。第四类地区为科技经费和人员投入都不足地区，如云南、贵州、新疆、西藏、内蒙古、青海、广西、甘肃、海南、河北等，主要实行"小孵化"战略，即科技创业中心，着眼于创造新兴企业的良好成长环境。第五类地区为各项指标均处于中游的中部省份，如湖南、山西、江西、河南、安徽等，其运作模式目前仍旧在探索、实践中。

在中国，创新育成机制的推动得以成功，主要归功于政府的支持与推动，而地方企业与学术机构的配合亦是推动其快速成长的因素之一，而基于昔日产业的发展因素，中国大部分的育成中心多针对高科技产业，并有技术商品化的共同目标。创新育成机制帮助培育中小企业，促进产业改组，并且促进科技研发成果的转化，创造出地区就业机遇与地方发展。中国企业育成中心正积极扩展数量规模，并与创投、银行相联结，逐渐跳脱出政府补助的经营模式，朝向市场经济发展，建立起省级区域性的互联网络，构建产学研相结合的技术创新联盟和产业联盟等创新网络组织，使其得到衍生与发展，进而形成完整的服务体系，逐步形成了符合国家战略、产业链清晰、大中小型企业合作互动的创新集群，通过国际企业育成中心（International Business Incubator，IBI）帮助中国高新技术企业拓展国际市场。

回顾中国创新育成机制的发展与推动中国创新育成组织迈向国际化、市场化的发展模式之后，接下来将引入下列个案，针对一些特定创新育成组织的组织目标/定位、组织育成功能、组织与外部合作机构的联结等方面，进行深度的讨论。

2.2 创新育成机制之个案介绍与观察：科学技术部火炬中心

科学技术部火炬中心为中国推动创新育成机制的核心机构，最主要的便是针对中国高新技术产业化及高新区发展的状况和问题为科技部的宏观决策提出建议和对策，最广为人知的便是由政府引领的"火炬"计划，内容为中国制定高新区的发展规划、计划以及提出相关政策建议。

以火炬计划为中心，火炬中心联结科技部、国家高新技术开发区、科技型中小企业、生产力促进中心、大学科技园、高新技术产业化基地、工业领域国家工程中心、国家重点新产品计划、科技兴贸行动专项等相关创新育成组织，建立起一个跨领域、跨疆域以及跨国际的互联网络，负责或协助上述机构的日常管理与组织实施工作，并作为各机构间的沟通桥梁，以推进高新技术、产品或研究成果达成商品化、产业化和国际化为最大目标。另外，火炬中心承担科技企业育成中心的日常管理、发展规划、计划和相关政策建议，并负责高新技术企业、国家级创业服务中心、国家留学人员创业园、技术交易机构、海外科技园、创业投资机构等的管理。因此，火炬中心的存在提供了科技型中小企业技术与创新基金的供给管道，通过企业育成中心的介入主导，强化中小企业板的投融资决策，由政府补助的母基金配合科技贷款的政策安排，以及鼓励市场上的天使投资人将资金注入中小企业，解决中小企业普遍面临的财务问题，并且依靠区域产业集群建立适当的服务网络，促进技术转化，整合各产业资源，成功地推动中小企业快速成长，进入中小企业板块，如图3所示。

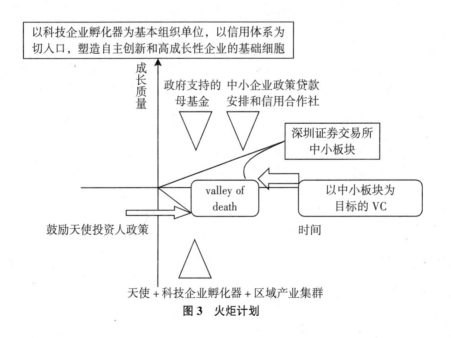

图3 火炬计划

除此之外，火炬中心承担全国技术市场日常运行管理，以及登记、统计、培训、信息、技术转移等工作；联系和协调全国技术市场管理机构；开展科技成果推广和产业化咨询服务等工作，因此对创新育成机制的重要性可见一斑。

另外，在政府的支持下，火炬计划特色产业基地取得了一定的成绩。截至2013年底，全国共批准建设火炬计划特色产业基地342个，基地中各类企业102893家，年末从业人员893.7万人，全年实现营业总收入76521.4亿元，按照新标准认定国家高新技术企业7598家，当年申请国内专利226605件，其中发明专利53500件，初步形成了涵盖先进制造等多个高技术领域，[4] 以技术驱动型企业为引擎，对区域和行业具有引导、带动作用的创新型产业集群，已经成为地方政府依靠科技支撑，加速区域经济社会发展的重要载体和阵地，成为地方科技部门直接服务当地经济社会发展以及区域产业结构调整的中坚力量，充分体现了科技创新的引领作用。

尽管火炬中心交出了亮眼的成绩单，但中国企业育成中心仍旧面临一些问题：一是创业中心数量虽快速成长，但素质不高，甚而有中心设施出现大量闲置；二是人才短缺，制约创新效率；[5] 三是国家火炬计划项目技术效率变动和技术变动呈反向趋势；[6] 四是在政府政策方面，许多相关法规仍有待完善，且中国各地区地方政府的政策不同，育成中心经营方式各异，对民营科技企业发展亦产生不同的限制。

研究发现，中国的育成中心若要更好地发挥其功能作用，一是要将创新育成模式从"大而全"政策向"专而精"转变；二是要尝试走技术领先、能耗低的"绿色制造"的现代化生产模式；三是要引导国家火炬计划项目企业加强管理，优化资源配置，提升国家火炬计划项目的转化率；四是要推进制造业信息化，落实以信息化带动工业化战略，走新型工业化道路；五是要着重发展高科技含量、高附加值和高产业带动力的高端制造服务业，为制造业升级提供强有力的支撑。

本研究观察发现：大陆很多规定、许多规范相互重叠；但是有些问题，例如表面上看似有所限定规范，但实际执行上却无法落实，单视其地方政府与各创新育成机构的配合与习惯风气而定。另外，各省份另有各自的规定，政出多门。

在中国创新育成机制发展后期，最后发生跳跃式的发展，一下子仿照美国经验与规定，但制度移植是否成功，仍旧要视后续的政策配合与发展状况而定。此外，制度移植的效果也需要观察不同的省份与各育成机制与中心的实际作为与成效。因此，本研究后续将以上海市科技创业中心为单位做观察。

2.3 创新育成机制之个案介绍与观察：上海市科技创业中心

上海市科技创业中心于1988年开始发展，可分为以下几个发展阶段：1988年上海第一家育成中心诞生，即为上海市科技创业服务中心。1990年政府开始于高科技园区内鼓励创建育成中心。直至1997年，育成中心被拓展到大学及科研机构周边，结合科研成果转化。2000年开始，以地区经济作为考虑，结合区域经济特色，发展与建构各类育成中心。2003年，开始以专业技术为基础，创建各类型专业育成中心。

上海科技创业中心是上海市第一家培育高新技术的企业（见图4）。它以点、圈、面三种形式进行运作。"点"是通过设立一些培训网点对大学生创业进行培训指导，并且进行资金融合；"圈"是协调和推进全市科技企业育成中心，将一个个网点连接成圈；"面"是发挥中心的资源优势，从而为中小企业服务。上海市科技创业服务中心作为上海市创业中心龙头角色发挥带头作用，在上海地区共有42个育成中心组成上海市科技企业孵化协会（2004年）。在组织模式的部分，上海市科技创业中心亦以"六区一园"的孵化模式，结合上海张江高科技创业中心、漕河泾创业中心、上海交大慧谷高科技创业中心、上海大学科技园、杨浦科技创业中心等组成上海市国际企业育成中心（Shanghai International Business Incubator，SHIBI）。在上海市科技创业中心的带领下，各个育成中心积极合纵连横，除发展地区孵化特色外，更重要的是作为大陆九个国际企业育成中心（IBI）之一，上海国际企业育成中心积极做到了"走出去"以及"迎进来"的国际化策略（见图5）。

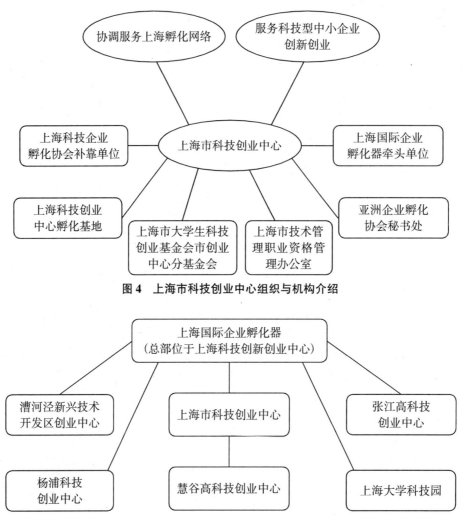

图4　上海市科技创业中心组织与机构介绍

图5　上海国际企业育成中心的平台与组织结构

在"走出去"方面，上海市科技创业中心目前与欧、亚、非等地进行跨国孵化合作，例如，其在欧洲设置英国办事处、成立中法合作项目；在亚洲，于新加坡成立火炬中心新加坡办事处，积极拓展大陆企业进入新加坡的孵化；在中亚，与吉尔吉斯斯坦、哈萨克斯坦等国家建立育成中心合作网络；在非洲，通过邦交国以及每年10月的国际育成中心人才培训计划，将育成中心的触角伸展到第三世界以及发展中国家，建立其在大陆的育成中心品牌，也就是当前大陆地区五大育成中心模式之一的"上海模式"。

在"苗圃＋育成中心＋加速器"三位一体的孵化体系建设探索方面，上海市科技创业中心首先建立科技创业苗圃，实施预孵化，以培育科技创新创业为源头，提供企业发展的软着陆基础，包括空间、创业指导、建立服务网络体系、促进地区科研机构技术转化、整合上中下游产业资源与行业资源，让新创企业在如苗圃般的园地中汲取必要的养分，作为成长的动力。其次，进入孵化协助阶段，在此阶段企业重心在研发与做出商品，育成中心则协助推动新兴高新技术产业发展以及做好企业孵化服务并促使当地政府带头购买孵化服务。最后，进入加速器，所谓的加速器，即将更多外部资源注入进驻企业，让企业快速成长。这一阶段主要包括强化投融资服务、创造孵化群聚效应、异业合作整合，以促成企业进入创业板为目标，这是上海模式的一部分。

另外，上海也发展出一套"创业导师"＋"专业孵化"＋"天使投资"的孵化模式，即将天使投资、专业孵化与创业导师三者的功能做链接，让创业者可以在育成中心中累积加入成长的动力，降低失败风险，其概念如图6所示。

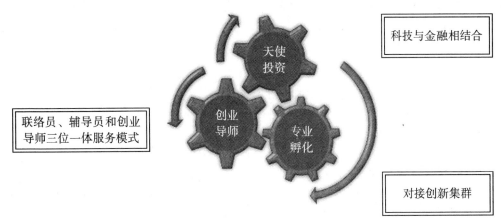

图6 "创业导师"＋"专业孵化"＋"天使投资"的孵化模式

此外，在上海科技创业中心的运作模式中，育成机制在各类企业发展阶段中所扮演的角色也可用图7来呈现。从中可以发现，上海科技创业中心相当重视通过创业基金、创新基金以及科技小巨人等项目，为初创企业提供贷款、融资、补助以及投资等。这一模式与台湾地区目前进行的方式相似，但区域的发展与市场经济规模确实值得期待。

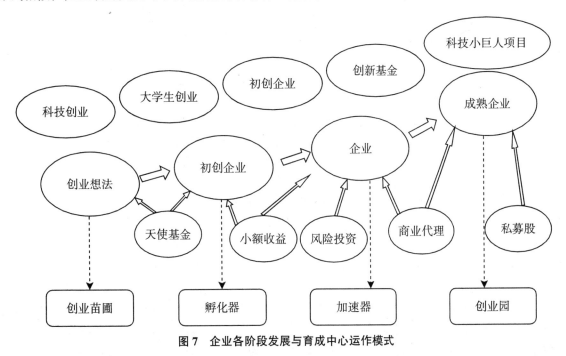

图7 企业各阶段发展与育成中心运作模式

2.4 火炬中心：政策结合产（国营企业）官学研的资源，全面提升各创业育成机制与风潮

中国火炬中心就育成机制的主要影响因素包括以下几个方面：①租税优惠政策，包括租金优

惠、土地税优惠、税金退返、所得税优惠等；②科技项目支持，包括火炬计划项目、创新基金；③其他，如火炬中心业师、孵化基金等。其据此培育策略性新兴产业（助推工程），促进政策落实；同时强化大学生科技创业见习基地建设，完善创业辅导体系；并推动各县市和行业育成中心的发展，促进产业升级和结构调整；探索科技企业加速器建设模式，建立毕业颁证跟踪制度；探索和推动"持股孵化"试点模式，建立并推广育成基金；形成 CTP 科技企业孵化器全国统一标识、强化品牌建设；推动火炬和基金支持的全国科技创业决赛，营造创业氛围。由于中国幅员辽阔，中央政策与地方执行亦恐有落差，因此中国除可参考其政策外，也应以其成功的创业育成机制作为借鉴。

2.4.1 该创业中心的执行力与服务模式创新

以上海市科技创业中心下辖的漕河泾高科技创业中心为例，该创业中心提出：一个核心，促进企业、学术与研究机构合作；两个平台，为大学毕业生及海外归国学者提供孵化器服务；三个基础，内部实习、企业就业、企业家。这一政策明确且显示出其强化产学研的资源整合决心。此外，其作为一个非营利机构却有营利机构的速度与思维，值得中国大陆其他地区学习参考。另外，漕河泾创业中心也首创科技型中小企业无抵押、无担保信用贷款的金融创新模式来协助进驻企业取得资金度过草创的风险，这实属少有的创新。值得一提的是，漕河泾创业中心提到，该中心每年将盈余提拨 10%~15 作为员工分红的激励，这是全民营化的漕河泾创业中心与上海其他孵化器最大的不同。

2.4.2 成立产业专业类别的育成中心

在专业孵化器的发展构思方面，中国之所以会有专业孵化器的设立，是由于产业发展的需要加上区域整合及政府支持。同时，该孵化器是以民间运营的形式为主，因此容易关注单一产业或是单一技术。但在台湾地区，育成中心的主体多数在大学，因此比较不容易聚焦于单一技术或单一产业。但是相对地，财团法人组织的育成中心在这方面却扮演得非常好，国内研究机构的财团法人组织应该要汇集更多产业群聚的效应，让该产业与技术的上中下游可以整合。这样再发展专业育成中心时，就更容易形成产业优势，也让其他育成中心可以重新思考自己未来发展的趋势。

2.4.3 鼓励校园创业与实际落实的方案举措

在鼓励内部创业部分，对于中国的大学生创业，政府提供种子基金给孵化器，让孵化器在评估创业团队的同时有更多资源与资金可以适时投入，让创业团队增加创业成功机会。反观台湾地区在教育部主导的大专毕业生创业方案下，团队仅能以竞赛来获得资金，却未能见到政府真正以天使基金的方式对大专毕业生创业团队给予支持，更可凸显中国相关创新育成机制的成功关键。

3 美日中三国中体现产学创新合作与成功关键因素

本研究综合其他文献进行比较，发现美日与我国创新育成机制的成功关键在于都相当重视创新育成机制对于国家发展的重要性，进而从产官学研的资源整合，全面提升其国家创业育成机制的发展，可谓殊途同归。由于各国着重之处仍有不同，所强调的运作模式有其特色与关键。例如美日强调的产学合作模式，期望以学校基础技术研究与应用为本，以达到商品化及促进产业技术创新与转型的效果。日本与我国则强调以产官学研的合作平台为推广模式，两者均以强化平台联系功能以及人才培训等为方向，并以政府资源系统作为后盾。

3.1 美日模式：产学合作模式的强调与获利概念

美日近年强调产学合作与创新育成机制间的关联性，积极盼望学术研究机构以研究开发提升产业技术，再以技术应用提高授权移转于厂商及产生附加价值为动能，以达到技术商品化及新创公司技术与团队育成的目标。其中关键如图8所示，即在于大学与产业间合作计划的搭配与接轨。两国虽均强调此模式，但相较之下，关键在于国家促进学校是否有商业气息以及产学彼此关系紧密与否。比如，华盛顿大学与国际大集团波音以及微软公司的紧密关系，值得人们学习其关系建立的技巧。而事实上，大学若能强调其研发成果所产生的智慧资本的开发与布局，同时与产业共同学习的心态应正确建立，强化应用研究与激励多于发表期刊的要求，或许也能反映在国内目前学者发表文章而疏于与产业接轨的现状。虽然目前国内教育部不断资助大学院校成立产学合作中心或技术移转单位，但大部分顶尖大学的成效不明显，也与以下模式是否有确实执行与概念上的落实有着明显关系。

产学合作策略如图8所示。

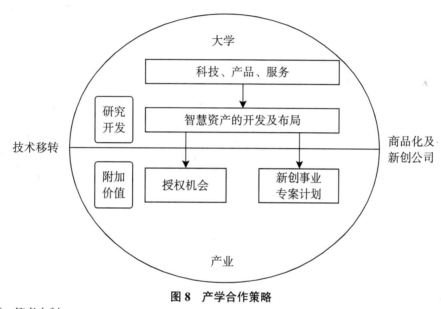

图8　产学合作策略

资料来源：笔者自制。

3.2　中日模式：促进创新育成的发展平台与群聚系统

日本以日本产业育成协会（Japan Business Incubation Association，JBIA）作为提供创业育成企业情报交换与人才培训的平台，中国则利用区域性的科技创业中心及所聚集的孵育联系平台，不论是民间单位或政府成立的创新育成机制，确实容易触发不同领域的创新阶段的衔接与变革风气，孵化机制可借此平台与群聚的资源系统配置，加强创新机构与高成长新创企业的互动，促使新创公司及中小企业更易取得相关信息及系统支援，强化地方产业的群聚发展；各平台之所以恰如其分的关键，更在于是有法令、组织、政策、教育及社会风气等多方面的配合，才能建构一个具有活络创新与创业精神的创新育成机制，以提供真正符合产业需求的整合资源。因此，本研究认为中国大陆的主管机关，不断以许多奖励计划及财务资源提高新创公司利用创新育成机制与政府资源的动力，建立研究机构与高成长潜能企业合作伙伴关系，日本政府协助JBIA以及日本大学专利技术转移组织（Technology Licensing Organization，TLO）获得产学合作的奖励计划给研究型大学。这类做法，均是近年来我国迈向知识经济时代的学习模式与利基所在，图9则强调此种资源与联络平台概念对建构良性循环的创业育成系统的可能性。

产官学研创新平台	建成研究机构与高成长潜能合作企业伙伴关系	创新育成生态系统
	强化地方产业的群聚发展	
	加强创新机构与高成长创新企业的互动	

◆ 创新公司及中小企业更容易获得相关信息及系统支援
◆ 提供更多奖励计划给研究型大学
◆ 提供真正符合产业需求的整合资源

图 9　创业育成中心生态系统

3.3　小结：综合成功运作模式与观察

综合观察上述创业育成机制的成功关键因素，我们可以看到中国及美国大学院校对于创业竞赛的实际落实与育成中心的关联。就产学合作与资源整合及平台建置方面，美日中等国家的政策与方案，均将此融入该国创业育成体系中；再从区域创业创新的机制或母体来看，尤其以日本的亚洲硅谷计划促进福冈县产业发展与上海市科技创业中心提高育成机制的成功孵育概率，以及台湾地区各领航计划中的区域创业创新服务中心的建构，或如美中政府机构完善的财务资源以及创业辅导工作的落实等。本研究认为，目前各国在全球化时代，均不难以将上述各成功关键因素融合后对相关政策加以规划，只有实际的执行与调整，才是最后创新育成机制落实制造业服务业化，服务业价值创造与体系化的关键与开始（见图 10）。

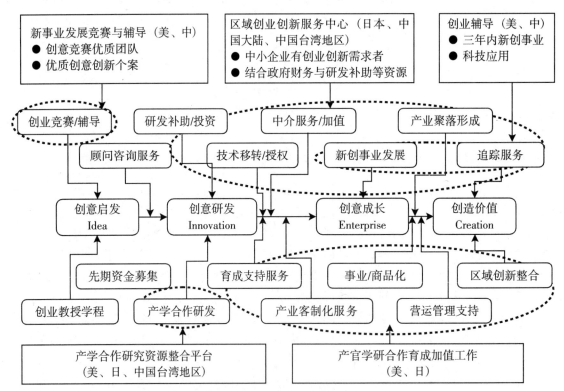

图 10　创业育成体系成功关键因素

欲协助新创事业能从设立、成长至永续经营的阶段，应由政府、学校以及研究单位等辅助伙伴共同建立策略伙伴关系，此等必须有杰出的执行者以及管理者加以追踪与考核，才有办法通过创新育成机制及所培育的新创企业，将国家创新体系系统的概念加以落实。

此外，研究发现，不仅新创事业在中国面临融资难的问题，而且在大陆台商投资环境细项指标评估中"当地融资的便利程度"这一指标历年得分也较低。[7] 本研究建议，产官学应该共同协助跨越创业死亡之谷，如沟通模式与政府主管机关的态度等，进而影响如何协助缩小财务缺口、培育竞争优势与核心能力的发展，并且重视"风险投资"与大型企业与金融业参与创投机制的奖励措施，以及上述知识转化为执行的可能，相信政府就政策与资源协助均责无旁贷。

4 浅谈东莞台商如何运用金融服务于两岸投融资战略

综上所述，除了丰沛的产官学研四方资源的整合运用，还需要重视台商在投资与融资上的便利性。这与政府协助创造制度给予经商总体环境有关，同时台商更能借此机会，重新检视自己在行业分析与自我定位中如何转型或退场，给予企业永续经营或是进行企业法人与经营者财富管理的最佳契机。

东莞是我国及广东省主要的台资企业聚集地之一，台资企业在东莞经济发展中占有举足轻重的地位。全市台资企业总数约 4500 家，占大陆台资企业总数的 1/10，占广东省台资企业总数的 1/3；在莞台胞达 8 万之众，在莞台资企业占东莞外资企业的 1/3。[8] 然而，长期以来，两岸金融往来受政策性限制，未能有效充分利用两岸的金融服务资源，成为影响台资企业在粤、莞转型升级和发展的主要瓶颈之一。

笔者通过研究《广东省建设珠江三角洲金融改革创新综合试验区总体方案》的工作安排与《东莞市推动莞台金融合作实施方案》，为台商企业如何利用大陆官方提供的资源和平台来获取自己所需的金融服务，便利自身突破投资与融资的困境提供一些思路和参考。

松山湖台湾高科技园是莞台金融合作重点试验区，是东莞市政府依托产业集聚发展，搭建科技金融、产业金融等综合金融服务平台，着力推进技术创新链和产业链"双向融合"。台商可以利用这一平台，满足自身的投融资需求和实现企业自身的转型。

间接融资方面，随着玉山、彰化两家台资银行入驻东莞，台商可借助台资银行国际融资渠道获得比大陆更为廉价的贷款资源。另外，台资银行更为了解台商情况，台商在台的资产可以作为抵押向台资银行借款，从而可以更为便捷和快速地满足台商自身的融资需求。[9]

直接融资方面，预计未来莞台间在证券市场领域合作方面会有新突破，会出现东莞本土的证券机构与台湾证券机构或证券咨询公司合资在东莞设立的证券公司或证券咨询公司，以满足台商利用证券市场融资的需要。此外，东莞市政府还着力建立支持台资企业上市的"绿色通道"，引进台湾风险投资机构或通过合资方式组建新的产业投资基金。台商可充分利用这个"绿色通道"资源实现企业上市融资的目的。对于中小型的台资企业尤其是中小型台资新兴科技企业更可以借助陆台合资的产业投资基金或者是政府的产业引导基金来发展壮大；[10] 此外，台商可借助面向台商服务的陆资或台资融资担保公司和小额贷款公司进行资金的筹措。

以上台商的融资渠道，同时也是台商的投资渠道，特别是对于台资金融机构而言，在 2013 年《东莞市推动莞台金融合作实施方案》中，东莞市政府积极推动莞台的金融合作，鼓励两地金融机构互设，优先引进具有较强实力的台资金融控股公司、台资金融机构。

在企业法人投资方面，本研究建议应该区分为法人投资与经营者财富管理，作为风险分散配置的逻辑前提，前者仍应该以企业核心技术作为盘点后，进行转移，不论是与股东间的协商或是多角化投资，随着中国经济的成熟与持续性的高速增长，寻找与自己本身行业相关或是进行未来行业分析后，随着政策进行调整。

后者则不应该局限在过去因为资金怕滞留中国大陆无法携带回台湾地区的恐惧，全部以香港地区的金融机构作为理财基地。相对地，由于政策的松绑、前海金融行业服务的发达，境外公司与税务的便利性，有许多选项，可以自行在中国进行金融产品的购买与投资，同时可获得较高的存款利率。最重要的是，目前中国网络金融的发展，为全亚洲之最，政府相当重视网络金融的发展。2015年9月30日，国务院发布《关于推进线上线下互动加快商贸流通创新发展转型升级的意见》（以下简称《意见》），《意见》明确支持线上线下互动企业引入天使投资、创业投资、私募股权投资，发行企业债券、公司债券、资产支持证券，支持不同发展阶段和特点的线上线下互动企业上市融资。支持金融机构和互联网企业依法合规创新金融产品和服务，加快发展互联网支付、移动支付、跨境支付、股权众筹融资、供应链金融等互联网金融业务。[11]台商应借助这一政策之利，利用股权投资、创业投资等手段投资线上线下互动企业等新兴产业，一方面实行企业的转型升级，另一方面亦可获得相应的投资收益。此外，随着中国金融业"战国时代"的来临，消费者金融将更重视如何协助台商以及法人做好更多跨境金融的便利性服务。

上述两者投资概念，重点在于如何具体落实跨境金融的服务，因此政府所提出的政策，对于产学研三方机构的总体环境建构影响很大。举例而言，从产业投资方面，东莞政府正着力打造松山湖台湾高科技园区，并提供便利的产业投资服务。一是争取国家政策扶持，推动在松山湖台湾高科技园园区内实现人民币与新台币自由兑换与结算，适度调整台资金融机构在园区设立分支机构的条件和门槛。二是进入东莞的高科技台资企业可被纳入东莞市融资支持计划的企业库名录，通过贴息和风险补偿等方式，激励金融机构为台资高科技中小企业提供融资支持。另外，东莞也在大力发展出口信用保险，积极开展科技创新创业企业科技保险试点，增强台资企业出口风险意识和抵御出口风险的能力。

再以企业经营者的家庭财富管理的私人银行角度观察，因台商个人财富的私密性以及与人之间高度的信赖性的特点，对于中国金融机构，特别是国有银行的色彩有比较大的质疑。过去银行的服务与台湾地区以及香港地区仍有落差，导致选择上有很多限制，随着未来更多的台湾地区银行以及民营银行的加入，这方面的问题将有更多专业的财富管理经理人协助台商进行全盘思考。在银行、证券、保险与信托等金融机构呈现混业经营趋势的情形下，台商将有更多资源可供选择。

本研究更建议，在许多台商仍积极地运用两岸存贷款利率与金融市场有套利空间的情况下，要将资产有效地配置于风险以及保守区位，也可以与私募基金、私人银行等金融机构合作，思考用更加前瞻的观念，如利用供应链金融、股权众筹融资等新型金融工具。这样一来，相信能扶植企业家族第二代，协助他们与更多会计师、律师、投资银行与私募基金等附着于企业周边的专业中介服务机构，以更加国际观与产业格局的视角，检视自己所处的位置，进行更有效的资源运用。

〔参考文献〕

［1］OECD. National Innovation Systems［R］. Paris：OECD Publications，1997.

［2］Etzkowitz H.. Incubation of Incubators：Innovation as a Triple Helix of University-industry-government Networks［J］. Science and Public Policy，2002，29（2）：115-128.

［3］UNESCAP. Small Industry Bulletin for Asia and Pacific No. 31. Bangkok，Thailand：UNESCAP，2001.

［4］科学技术部火炬高技术产业开发中心. 2013火炬统计手册（特色产业基地部分）［R］. 2015-01-07.

［5］高松，庄晖. 开放的复杂巨系统理论视角下的国家火炬计划研究［J］. 科技进步与对策，2012，29（4）：6-9.

［6］吴文清，赵黎明. 中国火炬计划项目的效率现状及动态效率分析［J］. 软科学，2012，26（2）：1-5.

［7］段小梅. 中国大陆台商投资环境比较分析［J］. 世界经济研究，2006（2）：71-81.

［8］东莞市推动莞台金融合作实施方案［EB/OL］. 东莞人民政府网，http：//zwgk.gd.gov.cn/007330010/201306/t20130608_377592.html，2013-06-08.

［9］台资银行入驻东莞带来了什么？［EB/OL］. 中新网，http：//news.xinhuanet.com/yzyd/local/20141127/c_1113421124.htm，2014-11-27.

［10］台商巨头齐赞东莞营商环境［EB/OL］. 东莞时报，http：//dgtime.timedg.com/html/2013-11/21/content_

1225377.htm?div=-1, 2013-11-21.

[11] 中华人民共和国国务院办公厅. 关于推进线上线下互动加快商贸流通创新发展转型升级的意见 [Z]. 2015-09-29.

Applying the Combination of Industry, Official, University, and Research on Entrepreneurship and Educational System: Strategy of Taiwanese Businessmen's Investment in Dongguan

Jianqi Zhu, Yanggu Su, Jianpei Mai

(Business School of Shantou University, Shantou, Guangdong, 515063)

Abstract: As the changing investment environment in mainland, we suggest that Taiwanese businessmen should take account on the combination pattern of industry, official, university, and research: utilizing the entrepreneurship to seize the transformation opportunities, contriving the cooperation with school in order to realize the technology transfer and knowledge management. To transform the companies and developing markets in mainland successfully, Taiwanese businessmen are supposed to look into their particular industry features and entrepreneurship model, make full preparation, such as the capital, talents, innovative management models and the proper way to open the market. To this extent, we suppose that Taiwanese businessmen promote the cooperation of industry and school in the cross-strait, positively explore the tutoring resource from institutions, and take the advantages of the innovation of current financial service in China. In the context of the financial cooperation between Taiwan and Dongguan, the Taiwanese businessmen could rethink the investment and financing work, to convert the crisis into transformation opportunity.

Key Words: Taiwanese Businessmen; Investment and Financing Work; Dongguan; Entrepreneurship; The Combination of Industry, Official and University

JEL Classification: M21

中国台湾地区人民币离岸市场发展新趋势、特点及启示

中国人民银行汕头市中心支行课题组

[摘　要] 自 2013 年 2 月中国台湾地区全面开办人民币业务以来，中国台湾地区人民币市场发展快速，目前存款规模已约为中国香港地区的 30%。本文系统分析中国台湾地区人民币市场发展的新趋势及特点，以及对于助推粤台贸易投资往来便利化、拓宽企业融资渠道的积极意义。探索对台人民币跨境金融改革创新，特别是如何畅通两岸资金双向流动渠道，这可成为广东对台金融合作的突破口。针对广东利用中国台湾地区人民币市场在金融政策、组织体系以及金融基础设施等方面面临的挑战，本文提出打造"粤台人民币资金双向流动"试验区的发展思路，并提出具体对策。

[关键词] 粤台金融；离岸人民币市场；金融试验区

[JEL 分类] G28

1　引　言

1.1　选题意义

中国台湾地区人民币离岸市场作为境外新兴人民币市场主体，已步入了快速发展时期。2013年 2 月，中国台湾地区 46 家外汇指定银行开始启动人民币存款、放款、汇款与理财业务。数据显示，截至 2014 年 3 月末，中国台湾地区外汇指定银行人民币存款已达 2118.64 亿元，国际金融业务分行存款余额达 565.28 亿元，合计达 2683.92 亿元，约为中国香港地区的 30%。以人民币计价的金融产品发展迅速，如宝岛债已发行 15 档债券，总金额达 121 亿元。中国台湾地区人民币离岸市场的快速发展，在促进两岸贸易投资便利化、助推人民币区域化及深化两岸金融合作方面具有积极意义。广东作为对台经贸大省，同时作为全国金融改革创新先行先试地区，如何抓住中国台湾地区人民币离岸市场快速发展的机遇，深化对台金融合作，提升金融对外合作水平具有较大的理论和现实意义。

[基金项目] 本文为中国人民银行广州分行 2014 年度重点课题研究成果。

[作者简介] 课题组组长：黄沛光；成员：陈孝斌、苏燕、潘志玄、张晶、郭东、符波。

黄沛光：男，广东揭阳人，高级政工师，供职于中国人民银行汕头市中心支行，联系电话：0754-88262753；陈孝斌：男，广东潮州人，经济师，供职于中国人民银行汕头市中心支行，联系电话：0754-88469448；苏燕：女，广东潮州人，经济学硕士，高级会计师，供职于中国人民银行汕头市中心支行，联系电话：0754-88482068；潘志玄：男，广东汕头人，经济学硕士，经济师，供职于中国人民银行汕头市中心支行，联系电话：0754-88171460；张晶：女，山西太原人，政治学硕士，经济师，供职于中国人民银行汕头市中心支行，联系电话：0754-88263751；郭东：男，广东汕头人，助理经济师，供职于中国人民银行汕头市中心支行，联系电话：0754-88269502；符波：男，湖南衡阳人，经济学硕士，供职于中国人民银行汕头市中心支行，联系电话：0754-88262756。

1.2 文献综述

1.2.1 对人民币离岸市场发展研究方面，主要集中在对中国香港地区市场的研究，对中国台湾地区市场研究的极少

由于中国香港地区人民币离岸市场起步较早，目前对其研究的文献较为丰富，而由于中国台湾地区人民币离岸市场于2013年才步入快速发展期，目前对其研究多见于学者在媒体或学术活动交流中的一些评论，真正形成研究文献的极少，如王俪容（中国台湾地区中华经济研究院研究员）认为两岸应该把人民币市场做大，除中国香港地区外，额外互补的金融中心以提供人民币业务是必要的，希望中国台湾地区能够比照中国香港地区人民币离岸中心待遇，若能签订SWAP，则可更完善支持货币清算机制的运作；经济学者李稻葵（经济学者）从两岸经贸活动的规模和发展趋势看，中国台湾地区未来发展成为人民币离岸中心完全符合实体经济、市场经济的要求，两岸金融领域的合作将会是未来的重要增长点；巫和懋（北京大学国家发展研究院）认为中国香港地区发展人民币离岸市场的经验，对于中国台湾地区开展人民币业务有借鉴意义。

1.2.2 对中国香港地区人民币离岸市场研究，主要集中在对发展现状、定位、存在问题及如何进一步发展等方面的研究

翁东玲（2013）认为随着人民币在境外流通与使用范围的扩大，在我国政府、海外市场需求以及各个金融中心相互竞争的合力推动下，未来在全球会出现若干人民币离岸市场。各人民币离岸市场之间加强合作，拓宽人民币使用范围，在全球形成以中国香港地区离岸人民币中心为主导、多个人民币离岸市场并存的人民币离岸市场体系。邓立立（2013）认为中国香港地区市场仍存在诸多不足，应继续扩大人民币"走出去"的规模、推进在岸金融市场化改革、加强人民币离岸市场之间的合作、加快金融创新，以保持中国香港地区人民币离岸市场的良性发展。李备远（2012）认为中国香港地区应定位于海外人民币资金中心和人民币产品定价中心。李文增、黑祖庆（2012）认为推进人民币国际化的重要途径是发展离岸人民币业务，而发展离岸人民币业务的重要途径是发展中国香港地区人民币离岸市场。促进内地保税港区发展离岸人民币业务，并实现与中国香港地区市场的对接和互动发展，是促进中国香港地区人民币离岸市场乃至全国人民币离岸市场更好发展的重要途径。李宇嘉（2011）认为深港两地是人民币区域化试验的理想之地，中国香港地区有条件成为全能型国际人民币离岸中心，而深圳可以与香港合理分工，错位发展，利用自身优势拓展对外人民币业务，成为有特色的境内人民币离岸清算中心。

1.2.3 对粤台金融合作研究方面，主要集中在金融如何服务粤台经贸往来方面，而以人民币离岸市场视角进行研究的较少

张文兵、庞弘燊（2013）研究粤台金融业务合作、合作机制、金融机构引进及合作的政策措施等情况，分析粤台金融合作的发展现状和特点。刘佳、恭唯平（2011）认为粤台金融合作是一个长期的过程，目前还处于较为初级的阶段；粤台金融业合作的重点应当是为两岸日益增长的贸易投资活动提供金融便利。伍庆、欧江波（2010）认为广东是大陆地区利用中国台湾地区直接投资最多的省份，但是在对台金融合作方面落后于其他地区。《两岸经济合作框架协议》（ECFA）的签署将促进两岸经贸往来，推进双方进一步开放金融市场。广东要把握机遇，加强产业合作，打造粤台金融合作试验区，吸引台资金融机构，争取试点金融业务，支持广东金融机构进入台湾市场，推动粤台金融合作发展。李铁立（2010）分析了"台湾模式"面临的挑战及广东对台贸易的发展趋势，提出了深化粤台经贸是两地发展的共同需求，同时《两岸经济合作框架协议》（ECFA）实施后将助推粤台经贸发展。

1.3 基本思路和方法

本文将综合运用理论及实证、定性及定量的分析方法对中国台湾地区人民币离岸市场发展新趋势及特点进行系统研究。实证方面，以问卷形式调查广东汕头、东莞、佛山、中山、惠州、河源、梅州、肇庆、湛江、阳江、茂名、揭阳、潮州、韶关、清远、江门16地市银行机构对台金融合作情况，在此基础上，全面剖析中国台湾地区人民币离岸市场发展为广东带来的新机遇，并立足广东发展实际，探讨中国台湾地区人民币离岸市场快速发展对广东提升对台金融合作水平的启示，最后提出具体的对策建议。

1.4 理论创新及实际应用价值

目前围绕区域金融合作以及人民币离岸市场的研究已形成一定的文献积累，这为本文的研究提供了理论依据及基础，但因中国台湾地区人民币离岸市场刚步入快速发展期，围绕中国台湾地区人民币离岸市场的研究文献较少，本文将以人民币国际化、区域金融合作等理论为基础，系统分析中国台湾地区人民币离岸市场发展新趋势及特点，试图进一步充实对中国台湾地区人民币离岸市场发展研究的相关理论，并在实践层面探讨深化粤台金融合作的新思路。在实际应用上，本文将对广东提升对外金融合作水平，打造金融强省具有很强的现实意义。

2 中国台湾地区人民币离岸市场发展新趋势及特点

2.1 存款规模增长迅速但市场份额有待提高

2.1.1 人民币资金池不断扩张

随着两岸货币清算机制的建立，中国台湾地区岛内首批46家金融机构于2013年2月6日正式获准开办人民币业务。根据规定，中国台湾地区民众可开设人民币账户，每人每日提领、存款上限均为2万元，汇款上限则为8万元。中国台湾地区开放人民币业务之初，就全面开放个人及企业相关各项业务及商品，与中国香港地区发展人民币业务的情形有所不同。据统计，截至2014年3月末中国台湾地区人民币存款余额为2683.92亿元，同比增长4.56倍。其中：外汇指定银行（DBU）人民币存款余额为2118.64亿元，同比增长10.45倍；国际金融业务分行（OBU）人民币存款余额为565.28亿元，同比增长89.72%。这些存款主要来自中国台湾地区对大陆的贸易顺差、OBU已持有人民币存款以及在中国香港地区的台资企业人民币存款转入。人民币资金池的规模大小是决定中国台湾地区人民币离岸市场发展规模的重要因素，也是人民币金融产品和服务创新基础，只有拥有庞大的人民币资产，中国台湾地区才能开发出品种多样、具有市场竞争力的人民币计价产品，并提高其在全球人民币市场中的地位。

2.1.2 与中国香港地区人民币离岸市场对比，人民币市场份额有待提高

与开办人民币业务时间较早、发展较为成熟的中国香港地区相比，中国台湾地区人民币存款增长迅猛，截至2014年6月末，中国台湾地区的人民币存款余额是中国香港地区的31.62%，但从市场占比来看，中国台湾地区人民币存款仅占总存款的4%，远低于中国香港地区的12.03%，说明其发展空间巨大（见表1）。

表1　2014年6月末中国台湾地区与中国香港地区人民币市场发展情况比较

地　区	开办人民币业务时间	人民币存款余额（亿元）	人民币存款/总存款（%）	外币存款/总存款（%）
中国台湾	2013年2月	2927.38	4	13
中国香港	2004年1月	9259	12.03	50.97

2.2 人民币产品丰富但投资渠道有待拓宽

2.2.1 人民币产品创新步伐加快

自两岸清算机制建立后，中国台湾地区对人民币业务的管控逐步放开，主要包括允许外汇指定银行（DBU）全面开办人民币相关业务；建立"外币结算平台"，逐步将境内及跨境人民币汇款纳入；开放发行人民币计价债券并核准人民币债券在中国台湾柜台买卖中心挂牌交易；开放投资信托业募集发行人民币计价的岛内基金；开放银行办理联结至大陆地区利率、汇率、股价等标的且以人民币计价或交割的衍生性金融商品（含结构型商品）；放宽证券商接受专业投资人委托及自行买卖大陆地区证券市场证券；开放大陆地区银行业合格境内机构投资者（QDII）经由代客境外理财业务，投资中国台湾证券市场等。在岛内人民币资金池规模的快速增长背景下，这使人民币作为计价的投资产品不断丰富。中国台湾地区人民币金融产品发行情况如表2所示（截至2014年1月末）。

表2　截至2014年1月末中国台湾地区人民币金融产品发行情况

债　券			基　金			保　险	
发行人民币计价债券（宝岛债）家数	发行宝岛债期数	发行宝岛债金额（亿元）	募集发行人民币计价基金的家数	已募集人民币计价基金期数	人民币计价基金累计额（亿元）	办理人民币收付投资型保单的家数	人民币保费累计收入（亿元）
11	15	121	9	14	35.6	15	1.83

2.2.2 人民币资金的应用渠道有待拓宽

目前中国台湾地区人民币资金用途相对缺乏，除了传统贷款、贸易融资外，只允许投资少量的内地债券市场，有严格额度控制。据统计，中国台湾地区银行业将吸收的人民币存款的70%存放于中国台湾地区人民币清算行，将5%存放于大陆代理行，将7%左右用于人民币放款及贴现，其余用于投资大陆银行间债券市场、离岸人民币债券、基金等。中国台湾地区人民币资金应用渠道较狭窄，主要体现在人民币存款方面，中国台湾地区仅次于中国香港地区，而跨境结算、债券交易和贸易融资等人民币运用渠道方面，则不具备优势。2013年主要人民币离岸中心主要人民币业务份额比较如图1所示。截至2014年3月末，中国台湾地区人民币清算行（中国银行台北分行）在境内人民币同业往来账户余额为1686.5亿元，占同期中国台湾地区人民币存款的62.84%，较2013年末增加576.2亿元。此外，台湾宝岛债的二级交易市场也不够活跃，对大陆发行人设定的发行总额度有限。来自中国台湾地区证券柜台买卖中心的数据显示，2014年前4个月，15只宝

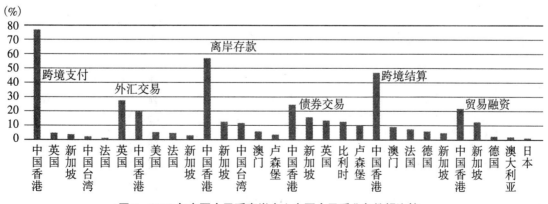

图1　2013年主要人民币离岸中心主要人民币业务份额比较

45

岛债券中就有5只在二级市场没有交易。

2.3 融资利率优势明显但融资市场有待利用

2.3.1 债券和贷款价格优势明显

目前，利用中国台湾地区人民币市场进行融资的渠道主要是债券融资和银行机构融资，且利率优势明显。据统计，在中国台湾地区发行债券的成本远比大陆低，2013年6月德意志银行发行3年期、5年期"宝岛债"，票面收益率分别低至2.45%和2.65%，远低于同期中国香港地区点心债约3.5%的利率水平。在人民币贷款方面，目前主要有昆山试验区开展两岸双向人民币借款，此政策使企业受用无穷，尤其解决台企转型升级的融资问题，能够让企业更加便利地获取境外低成本人民币资金，优化集团内部资金配置，进而促进企业发展。如目前大陆台商融资方式主要向大陆商业银行贷款，一年期贷款利率一般为7%以上，而借助在中国台湾地区的集团关联企业筹借人民币资金，以台湾一年期贷款利率2.3%为例，则有4个百分点以上的利差。据统计，截至2014年10月10日，昆山深化两岸产业合作试验区累计已有220多家台资企业集团开设人民币双向借款账户，双向借款规模达100.3亿元。

2.3.2 台湾地区人民币融资市场有待利用

主要体现在人民币存贷比较低，尽管中国台湾地区放开了金融机构直接向大陆优质台企放贷，但据统计，截至2014年3月末，中国台湾地区人民币贴现及放款余额为146.74亿元，同比增长1.2倍，低于人民币存款增速336个百分点；人民币贷款占存款的比重为5.47%，同比下降8.35个百分点，人民币存贷比呈逐月下降态势。据渣打银行2014年5月7日报告中援引的一项调查，在与中国大陆存在经贸往来的企业中，离岸人民币贷款平均仅占其资金来源的6%。

2.4 与大陆人民币资金双向流动机制已基本建立，但渠道有待进一步畅通

2.4.1 人民币资金双向流动机制已基本建立（见图2）

目前人民币资金进入中国台湾地区岛内的渠道主要有三种：一是依靠台湾地区对大陆的巨额贸易顺差的人民币资金入境；二是通过大陆游客赴台旅游携带的人民币入境；三是中国台湾地区批准的大陆投资投向岛内。人民币资金回流大陆除了正常贸易渠道通过跨境人民币结算回流外，大陆方面已在某些渠道先行先试，具体有：一是与其他境外离岸人民币市场主体一样，适用"允许境外央行、港澳清算行、境外参加行三类机构运用人民币资金投资境内银行间债券市场，允许境外机构和个人以人民币来大陆境内直接投资"的规定；二是在ECFA框架下海峡两岸已针对中国台湾地区方面提出的人民币合格境外机构投资者（RQFII）试点额度增加1000亿元和适当放宽中国台湾地区证券商申请RQFII资格标准的请求进行磋商；三是开放两岸企业双向借贷。2013年

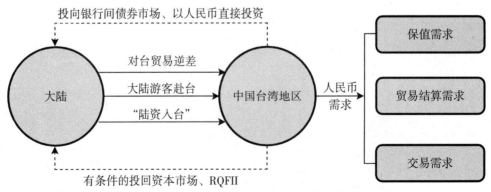

图2　中国台湾地区人民币供求及人民币资金流动状况示意

2月，国务院批复同意设立昆山深化两岸产业合作试验区，赋予昆山七条政策，涉及金融业开放等方面。其中第二条包括允许昆山试验区内企业与台湾地区企业在企业集团内部试点开展人民币借贷业务等。

2.4.2 两岸资金双向流动渠道有待畅通

2.4.2.1 人民币债券市场双向互动方面

中国台湾地区市场开放情况：对大陆发行人设定的发行人民币债券总额度有限，总规模限制在100亿元人民币，而目前主要局限在大型金融机构方面，大量中小企业无法利用中国台湾地区人民币市场融资，如2013年11月27日，大陆境内政策性银行、国有商业银行或股份制银行获准在台发行人民币计价的"宝岛债"，交通银行、农业银行、中国银行和建设银行共计发行67亿元人民币债券，利率分别为3.15%~3.70%不等。大陆市场开放方面，目前中国台湾地区尚未获得可将资金投资于大陆市场的合格投资者额度，虽然大陆已同意中国台湾地区加入RQFII计划，但由于2014年两岸服务贸易协议未获得通过，中国台湾地区加入RQFII计划事宜也被迫搁置。

2.4.2.2 中国台湾地区个人以人民币资金直接投资大陆存在梗阻

大陆是中国台湾地区最大的对外投资地，中国台湾地区个人对投资大陆也表现出较高的热情。近年来大陆多个中国台湾地区农民创业园的兴办更是吸引了不少台湾同胞回乡创业。尽管2011年10月中国人民银行出台的《外商直接投资人民币结算业务管理办法》允许境外个人以合法获得的境外人民币来华开展直接投资活动，但实际上中国台湾地区个人以人民币来大陆投资仍受一定限制。从目前来看，大陆方面规定中国台湾地区个人在经常项下向大陆汇款以每人每日8万元为上限，收款人可以是台湾居民（含同名）或非台湾居民；台湾方面允许中国台湾地区个人每人每日最多兑换2万元人民币，经常项目下个人人民币汇款政策与大陆一致，但对个人资本项目下的人民币汇款则无明确规定。如果中国台湾地区个人以人民币资金直接投资大陆，则既在换汇（以新台币兑换人民币）上受每日2万元的额度限制，又在向大陆汇款上受每人每日8万元的限额制约，由此遏制了中国台湾地区个人以人民币资金直接投资大陆的增速。

3 中国台湾地区人民币市场发展背景下粤台金融合作面临的新机遇

3.1 助推粤台贸易投资往来便利化

3.1.1 粤台人民币跨境结算发展潜力巨大，有助于企业降低财务成本，规避汇率风险

据统计，台资仅次于港资成为广东第二大外资来源，中国台湾地区投资的项目约1/3在广东，台资企业在大陆有8.8万家，在广东就有超过2.4万家。2014年1~6月，广东对中国台湾地区贸易进出口总值达1833.5亿元，占同期广东外贸进出口总值的6.3%，约占两岸进出口贸易总额的32%。早在2010年，广东就成为中国台湾地区对大陆贸易的最大顺差来源地。随着中国台湾地区人民币离岸市场发展，两岸货币清算渠道进一步畅通，长期以来主要使用第三方货币（美元）进行结算的格局（即进口方需以本地区货币购买美元，然后支付给出口方，出口方在收到货款之后再将美元出售给银行）得以改变，粤台经贸直接进行人民币跨境贸易结算，不用汇兑，在减少由于货币兑换而产生的手续费支出降低财务成本的同时，又规避了汇率风险。

3.1.2 跨境直接投资人民币结算业务有望取得新突破

目前中国台湾地区金融机构一般以美元进行直接投资活动，随着中国台湾地区人民币市场发展，可直接以人民币进行直接投资活动，可通过进一步简化投资程序方式，进一步深化与中国台湾地区金融机构的合作，推动中国台湾地区金融机构进入广东新设或增资银行（分行和子行法人机构）、证券（期货）、保险等金融机构，推动中国台湾地区金融机构、财富投资机构和企业设立

融资租赁、商业保理、融资担保、小额贷款、股权投资基金等创新型金融组织，加速集聚两岸产业、金融资本。也可探索境内个人可以自有人民币资金直接投资境外实体经济。

3.1.3 粤台人民币贸易融资有望取代外币融资

据调查，在粤台经贸往来中，由于境外具备充足的美元额度、资金渠道广、较低资金价格等优势，企业对外币贸易融资需求仍较大，因此，粤台金融机构在开立进出口信用证、进口代付、海外代付、融资性及非融资性保函、保理、进口押汇、国内外汇贷款、福费庭、离岸业务、进口保付等贸易融资业务方面已有一定合作基础。如截至 2014 年 8 月，建行中山分行与中国台湾地区金融机构合作的项目主要是海外代付业务，发生金额约为 20 亿元人民币；2014 年 1~8 月兴业银行东莞分行与台湾渣打银行合作办理海外代付业务三笔，资金合计 3300 万美元；中行汕头分行对公单位通过中国台湾地区金融机构进行信用证结算 100 笔，金额折合美元 2274 万美元。但从调查情况看，贸易融资方式以美元为主，而随着中国台湾地区人民币市场发展，加上境外人民币资金价格优势，粤台人民币贸易融资有望迎来发展新机遇，跨境人民币贸易融资可发挥境内银行的海外联动优势，使配置境内外市场资源能力得到进一步发展，使银行在同质化竞争严峻形势下，增加中间业务收入，拓展海外广泛的盈利空间。同时跨境人民币表外融资业务有效缓解了银行信贷规模和企业融资需求的矛盾。

3.2 探索对台人民币跨境金融改革创新，畅通两岸资金双向流动渠道，成为对台金融合作突破口

在大陆市场人民币资金双向流动机制已基本建立的背景下，随着中国台湾地区人民币市场的发展，如何更好畅通合作渠道，对接和融入其发展，成为各地加强对台金融合作的突破口，从国家层面规划对台合作的试验区主要有昆山深化两岸产业合作试验区。2013 年 2 月 3 日，国务院正式批复同意设立昆山深化两岸产业合作试验区，明确了"三位一体"的目标定位（打造两岸产业合作转型升级的先行先试区、两岸中小企业深度合作的重要载体、两岸交流合作模式创新的示范平台）和"三个新"的试验任务（实现新突破、形成新亮点、构建新机制）。其中金融改革创新的重点在于跨境人民币业务，试点业务为四个方面：个人经常项下跨境人民币业务、个人对外直接投资跨境人民币业务、台资企业集团内部人民币跨境双向借款业务、中国台湾地区金融机构在昆山跨境直接投资人民币结算业务。从广东的情况看，目前广东前海、横琴跨境人民币业务创新规划已成为国家层面战略规划，主要合作主体是香港离岸人民币市场。新形势下，如何借助中国台湾地区人民币市场快速发展契机，拓展广东跨境人民币业务创新领域，拓宽境外离岸人民币市场合作主体，成为打造金融强省面临的新机遇。

3.3 拓宽融资渠道、降低财务成本、增加企业收益、优化粤台资金配置

随着中国台湾地区市场的发展，考虑利率走势、资金状况及企业融资需求等因素，未来通过中国台湾地区人民币市场的规模、频率都会增加。银行调查显示，目前在粤台企业融资渠道主要有两个：一是通过资本市场进行直接融资，包括在大陆 A 股上市、回台发行存托凭证（TDR）、赴香港等第三地股市融资，这类渠道门槛较高，程序复杂，难度很大；二是通过商业银行进行间接融资，但由于大陆台资企业缺乏抵押品，信用资料不全，因而间接融资也相当困难。据对 16 市银行机构调查显示：截至 2014 年 8 月末，商业银行对台企授信家数为 477 家，贷款余额为 263.4 亿元，比年初增加 18.7 亿元。随着中国台湾地区人民币市场融资渠道的不断拓展，在政策允许的条件下，广东企业特别是台企向中国台湾地区市场开展人民币融资将成为可能，而且融资方式也将多样化，成本也将降低，主要体现在：

（1）广东企业通过境外（台湾）关联企业筹组银团贷款或发行境外人民币债，解决重大项目

建设资金缺口。

（2）设立在广东的台企营运总部或财富管理中心，借助中国台湾地区市场取得相对低成本的人民币资金，并将借入资金通过业务往来关系在大陆其他成员企业之间进行资金配置。当台资企业集团存在资本纽带的企业越多，借贷关系覆盖范围越广，其人民币资金的使用效率就会越高，资金成本就会越低，循环往复，集团内部人民币资源将达到最优化配置。

（3）赴台发行人民币债券。如果中国台湾地区进一步放宽政策限制，除金融机构外，允许大陆本土企业赴台发行人民币债券，将为大陆本土企业提供新的融资渠道。

4 广东利用中国台湾地区人民币市场面临的挑战

4.1 缺乏顶层政策设计和支持

目前，如何更深入地与中国台湾地区人民币市场合作，关键在于如何在对台跨境人民币业务取得突破，也即突破资本项下对跨境人民币资金双向流通的限制，而这需要中央层面的总体规划和政策支持。目前，广东对台合作规划仅停留在省级层面，对如何更好地开展对台金融合作，缺乏顶层设计，这使粤台金融机构合作仍处于较低水平，普遍局限在传统金融服务领域。虽然《海峡西岸经济区发展规划》将汕头、揭阳、潮州和梅州纳入海峡西岸经济区，但其政策支持重心仍在福建省，如国家"十二五"规划纲要和《海峡西岸经济区发展规划》中明确支持厦门建立两岸区域性金融服务中心，在两岸货币双向兑换和资金清算等方面率先试验。国务院批准的《厦门市深化两岸交流合作综合配套改革试验总体方案》中明确"大陆对台金融合作的重大金融改革创新项目，厦门具备条件的优先安排在厦门先行先试"。

4.2 跨境金融合作载体有待进一步丰富

银行机构是金融合作的重要载体，据调查，除了传统贸易结算外，目前粤台银行机构深入开展合作的机构不多，合作案例不多（见表3），据银行问卷调查显示，主要原因在于：一是地区性中小银行品牌知名度不高，合作过程中获得中国台湾地区金融机构或有台资背景的金融机构的授信额度较困难或额度不足，如东莞农村商业银行反映曾多次与中国台湾地区金融机构交流和沟通，希望可以在双方授信的基础上展开合作，开展如内保外贷、贸易融资、外币清算及跨境人民币业务，但由于中国台湾地区金融机构对地方性的金融机构缺乏了解，一直没有打开局面。二是大型商业银行机构在粤无专门针对推动对台金融合作的扶持政策。

表3 粤台银行机构合作情况

项 目	案 例	特 点
在粤台资银行与本地机构开展同业业务合作	只有东莞玉山银行和彰化银行与本地银行同业存款业务，以及汕头中行与台资银行华南商业银行股份有限公司深圳分行开展同业存款	未进行跨境合作
银团贷款	只有东莞玉山银行与台湾金融机构或有台资背景的金融机构存在银团贷款业务合作往来，约有10家客户，面向制造业、金融租赁业的客户来联合发放美元贷款	以美元为主
内保外贷和外保内贷业务	全省仅有惠州、东莞、佛山和中山开展此业务，2014年1~8月内保外贷业务28笔，金额折合人民币8.7亿元；外保内贷业务152笔，金额折合人民币4.9亿元	以美元为主

4.3 跨境金融基础设施有待完善

据调查，目前金融基础设施的不完善主要体现在跨境信用体系合作方面，对台开展跨境人民币融资等金融合作离不开完善的跨境信用体系，如以解决在粤台企融资问题为例，商业银行普遍反映，在粤台企普遍从事进料加工贸易的企业，采购与销售"两头在外"，境内资产相对缺乏，难以提供融资需要的有效担保，获批授信额度存在较大困难。要对其中国台湾地区母公司进行调查，目前大陆企业和个人信用信息数据库尚未关联台商企业在中国台湾地区当地的信用记录，所以很难调查清楚企业以往在中国台湾地区当地银行、税务机关、质监机构的信用情况。因此，在跨境贸易人民币融资、跨境银团贷款等融资服务中存在沟通时间长、沟通效率低下问题，导致业务难以全面拓展。

5 中国台湾地区人民币市场发展对广东加强对台金融合作的启示

5.1 总体思路：打造"粤台人民币资金双向流动"试验区

如何更好地利用中国台湾地区人民币离岸市场，本文认为，应立足粤台坚实的经贸基础，一方面，立足实体经济需求，做好金融服务配套，也即发挥金融在服务粤台贸易投资便利化、降低企业成本方面的作用。另一方面，做好顶层设计，以全面推进对台跨境金融合作为突破口，争取政策支持或相关流程突破，打造"粤台人民币资金双向流动"试验区，选择条件较为成熟的区域（可选择2014年9月获批的汕头华侨经济文化合作试验区或台商较为集中的东莞市进行试点），由点及面逐步推进，充分发挥金融在吸引台湾资本、海外资金，增加地方发展资金中的作用。

5.2 实施路径

5.2.1 立足粤台经贸实体需求，做好金融服务配套，发挥金融在推进粤台贸易投资便利化、降低企业成本的作用

5.2.1.1 大力推动与中国台湾地区的跨境人民币结算，降低企业成本

2009年以来，国家已逐步取消人民币用于跨境交易计价和结算的限制，建立了人民币跨境使用的政策框架。目前货物贸易、服务贸易、贸易融资、对外直接投资和外商直接投资等领域使用人民币计价结算已基本没有政策障碍，人民币跨境证券投融资试点也在稳妥有序开展。因此，可在防范风险、保障贸易投资真实性的前提下，探索简化业务办理流程，做大粤台跨境人民币结算，帮助企业规避汇率风险，降低资金汇兑成本。

5.2.1.2 鼓励银行利用中国台湾地区人民币市场优势，大力拓展国际贸易融资服务

一是支持和鼓励金融机构大力发展贸易融资项下信用证、保函等产品，同时通过担保为贸易企业提供信用支持，深化与境外银行互动，做好外汇购售与同业拆借业务。

二是加大外汇产品创新力度，增加外汇市场交易品种，研究外汇期权组合产品和期货业务创新，形成即期、远期、期货、期权等多种产品结合、汇率产品和利率产品结合的产品体系。

三是流程再造，为粤台贸易企业提供全方位、个性化综合服务方案，开发从资金融通、风险规避到财务管理、资产保值等"一揽子"金融产品。加快抵押方式的创新，放宽抵押资产的范围，创新应收账款、仓单、商标权、专利权质押、林权抵押等各种抵押方式，规范贷款抵（质）押物的评估、登记程序，为外贸企业扩大抵押贷款提供便利。

5.2.1.3 促进对台贸易投资便利化

深入推进货物贸易、服务贸易等便利化改革政策，提高跨境贸易便利化程度。推进对台跨境

投融资简政放权改革，简化跨境直接投资、外债及跨境担保手续，提高跨境投融资便利化。

5.2.1.4 争取跨境电子商务外汇试点配套

立足对台跨境电子商务等新型贸易业态的需求，鼓励和支持在粤设立的支付机构参加跨境电子商务外汇支付业务试点，吸引支付机构入驻，为跨境电子商务办理跨境人民币收付业务。

5.2.1.5 鼓励开展跨国公司总部资金集中运营，打造资金洼地

鼓励符合条件的企业开展跨国公司总部外汇资金集中运营管理试点，促进加快发展台企总部经济。

5.2.1.6 推动对台银行卡业务创新

推进在粤银行开展台湾地区商业银行发行人民币银联卡的代理收单业务，鼓励商业银行发行台商主题的金融IC卡，在此基础上，积极开展金融创新，试点办理"一卡双币"（人民币和新台币）或"一卡三币"（人民币、新台币和美元）的银行卡新产品，便利粤台两地旅游、就学、医疗、消费等结算服务需求。

5.2.2 做好顶层设计，争取政策试点，打造"粤台人民币资金双向流动"试验区。可选择2014年9月获批的汕头华侨经济文化合作试验区或台商较为集中的东莞市进行试点，打造"粤台人民币资金双向流动"试验区

5.2.2.1 降低台资金融机构进粤门槛，拓宽合作载体

粤台经贸往来、货币合作以及人民币资金在两地的循环流动，都需要两地金融机构的协同推动。自2009年4月两岸签署《海峡两岸金融合作协议》以来，两岸银行、证券、保险业监管机构分别签署监管合作备忘录，建立了交流和工作机制，两岸互设金融机构也取得了实质性进展。随着中国台湾地区离岸人民币市场的发展以及台资企业对人民币资金结算需求的扩大，亟待进一步加快两地金融机构双向互设步伐。在ECFA和《外资银行管理条例》基础上，适当降低中国台湾地区的银行、财务公司、证券公司、保险公司的准入门槛。一是减少设立分支机构及开办业务的时间。二是鼓励台资银行大陆分行在广东率先升格为子行、新设分行和子行。与在大陆地区开设分行相比，子行有助于提高银行的资金实力（注册资金较分行高）；业务范围和客户对象更广（可吸收境内公民人民币存款）；作为法人机构在业务流程、金融产品、业务权限方面更为独立自主。三是给予业务权限的放松，提高盈利空间，如允许在粤台资银行或独资银行直接从事中国台湾地区企业人民币业务，且在其盈利一年后还可从事其他的人民币业务，或者直接规定开业一年且盈利一年的台资经营性机构可从事经营包括台企在内的人民币业务。

5.2.2.2 大力推动金融机构组织合作创新，培育和增强促进对台金融发展的承载力量

一是大力发展融资租赁业，融入台湾人民币市场的低成本资金。在经济发达的国家，融资租赁业已经成为仅次于银行业的第二大资金供应渠道。融资租赁行业对市政工程、中小微企业等领域的支持效果很好。我国融资租赁将成为信贷、基金、证券、信托之外的第五大融资工具。广东可立足地方主要制造业转型升级的资金需求，大力引进台资设立外资租赁公司或支持各类外资租赁公司设立分支机构，利用外资租赁公司自身的特殊性——具有外债额度，到中国台湾地区离岸人民币市场融入成本较低的人民币，然后购置设备租赁给有需要的制造业企业。该模式能快捷有效地降低制造业的融资成本。

二是探索成立"台资"特色人民币跨境投资平台。借鉴上海自贸区的做法，可探索成立"台资"特色人民币基金跨境投资平台，争取上级跨境投资便利的政策支持，打通台湾参与广东投资，以及广东资本参与台湾资本市场投资、并购的通道。

5.2.2.3 探索全面推进对台人民币跨境金融合作，丰富合作内容

一是试点对台人民币借款业务。争取"金融机构和企业可从中国台湾地区借用人民币为资金"的政策试点，允许区内企业通过直接向台湾关联公司筹集人民币资金，用于满足经营生产投资或

转型升级资金需求。

二是试点个人经常项下跨境人民币业务与个人对外直接投资跨境人民币业务。争取允许符合条件的境内外个人从事跨境货物贸易、服务贸易以及其他经常项目可用人民币直接结算，如在粤台商，可直接将人民币汇往境外，改变只能通过现钞形式带到境外，或换成美元汇往境外的形式。允许区内符合条件的境内个人可以自有人民币资金直接投资境外实体经济。如个人要到中国台湾地区（境外均可）开设公司，只需向经办该项业务的银行提交相关境外投资的证明材料，即可用人民币对外直接投资。

三是试点开展台资企业集团内部人民币跨境双向借款业务。台资企业可以向境外的中国台湾地区集团成员企业借入人民币资金，也可以向境外的中国台湾地区集团成员企业以人民币形式放款，以便于有效降低财务成本、优化集团资金配置，提高企业集团人民币资金综合使用效益。

四是支持广东地方法人银行以及辖内优质台企赴台发行"宝岛债"，在所筹认购人民币债券资金的回流上给予相对宽松的政策。

五是允许广东台资企业在境内发行人民币债券，对募集资金境内或境外使用不作限制。

5.2.2.4 试点对台跨境信用体系建设，完善跨境金融合作基础设施。在两岸信用合作机制尚未建立的背景下，争取利用广东对台经贸较发达的特殊地位，先行试点开展征信合作，打造具有特色的对台跨境信用体系

一是以两地私营征信机构为平台开展征信合作。鼓励台湾的征信机构在广东开设分支机构或由两地合资建立征信机构，并将其逐步发展成为两岸信用信息共享节点。征信机构可采取互相委托代理查询，以交换征信资料的方式开展合作。

二是以两地商业银行为平台开展征信合作。支持广东银行与中国台湾地区岛内商业银行建立同业间的业务代理网络，建立双方共同融资对象企业的信用记录，互相交流台资企业的资信状况。对集团台资企业在台湾母公司的信用状况可以委托长期合作的中国台湾地区代理行代为收集，由代理行提供资信证明。

三是探索建立广东台商征信平台。可以在粤台商作为突破口，将与大陆银行发生信贷关系的台资企业岛内母公司、关联公司、为台资企业担保的岛内企业的信用信息以及在大陆投资、就业的台胞个人信息纳入该征信平台。条件成熟下不断加载两地工商、税务、质量检测等部门依照有关规定和双边协议公开相关不良信用信息。

〔参考文献〕

[1] 曹小衡，刘玉人. 台湾建设人民币离岸金融中心探究 [J]. 台湾研究集刊，2013（4）.

[2] 陈浪南，白淑云等. 粤港澳金融一体化研究 [M]. 广州：广东人民出版社，2009.

[3] 邓立立. 香港离岸人民币市场的最新发展及未来挑战 [J]. 对外经贸，2013（10）.

[4] 国务院发展研究中心课题组. 人民币区域化条件与路径 [M]. 北京：中国发展出版社，2011.

[5] 李备远. 人民币离岸市场发展现状及展望 [J]. 中国集体经济，2012（25）.

[6] 李铁立. 后 ECFA 时期粤台经贸新机遇 [J]. 大经贸，2010（7）.

[7] 李文增，黑祖庆. 如何更好地发展我国的离岸人民币市场 [J]. 环渤海经济瞭望，2012（12）.

[8] 李宇嘉. 人民币区域化与深港人民币离岸市场合作研究 [J]. 南方金融，2011（5）.

[9] 刘佳，龚唯平. 粤台金融合作的基本要素和政策需求 [J]. 开放导报，2011（6）.

[10] 汪立峰，曹小衡. 中国台湾人民币离岸市场发展前景研究 [J]. 金融与经济，2014（2）.

[11] 王爱俭. 滨海新区金融创新与人民币国际化研究 [M]. 北京：科学出版社，2009.

[12] 翁东玲. 香港离岸人民币市场发展现状及前景展望 [J]. 亚太经济，2013（4）.

[13] 吴平凡，刘帆. ECFA 背景下的海峡两岸征信体系融合探析 [J]. 时代经贸，2010（32）.

[14] 伍庆，欧江波. 后 ECFA 时期利用台资的机遇与对策——以广东为例 [J]. 开放导报，2010（4）.

[15] 谢洪燕. 东亚区域货币合作与人民币地位研究 [M]. 北京：经济科学出版社，2010.

[16] 谢文燕. 新形势下两岸征信合作的政策路径 [J]. 经济研究导刊，2013 (32).

[17] 叶芳，朱孟楠. 后 ECFA 时期深化两岸银行业合作的构想 [J]. 福建金融，2014 (1).

[18] 张光平. 人民币产品创新（第三版）[M]. 北京：中国金融出版社，2012.

[19] 张文兵，庞弘燊. 深化粤台金融合作的对策研究 [J]. 海峡科技与产业，2013 (9).

[20] 宗良，李建军等. 人民币国际化理论与前景 [M]. 北京：中国金融出版社，2011.

New Trends, Features and Revelations of the Development of Renminbi Off-shore Market of Taiwan

Research Group, Shantou Branch of People's Bank of China

Abstract: The RMB (Renminbi) market of Taiwan has grown fast since RMB business was operated completely in this region in Feb 2003 and now the Taiwan's RMB deposits were abont 30% of Hong Kong's. This project has analyzed the new trend and features of RMB Off-shore Market of Taiwan, as well as the significance of enhancing the convenience of the investment and financing between Guangdong Province and Taiwan. Exploring the reformation and innovation of the RMB and finance cross the border, especially on how to make RMB capital flows two-way more easily, which proves to be the critical point of the cooperation on finance between Guangdong Province and Taiwan. Aimed at the challenges on financial policy, organization system and financial infrastructure of how to use the RMB market, this project suggests to forge a "RMB capital two-way flows between Guangdong Province and Taiwan" test area and puts forward specific strategies.

Key Words: the Finance Between Guangdong Province and Taiwan; RMB Off-shore Market; Financial Test Area

JEL Classification: G28

两岸经济合作

闽粤台海洋经济战略定位比较研究

李兰芝　黄艺婷

（汕头大学商学院，广东汕头，515063）

[摘　要] 2012 年 9 月，国务院颁布《全国海洋经济发展"十二五"规划》，海洋经济的发展上升到国家战略高度。作为我国沿海海洋资源开发利用程度较高的地区，福建、广东和中国台湾地区的海洋经济各具地方特色，分析比较闽粤台的海洋发展现状及海洋经济的战略定位，具有理论及实践的指导意义。（运用多学科交叉研究和比较分析的方法，比较闽粤台三地海洋经济现状及战略定位的差异，总结出闽粤台海洋经济发展的特点和发展对策，指导全国海洋经济圈的发展，实现中国"海洋强国梦"）

[关键词] 海洋经济；闽粤台；发展现状；战略定位

[JEL 分类] Q22，R11

1　引　言

进入 21 世纪，在土地资源紧张、人口增长和环境污染日益严峻的形势下，海洋资源愈加重要，促使海洋产业成为全球经济新的增长势头。从国内因素来看，中国是海洋大国，且经济的对外依存度高达 60%，属于开放型经济，且我国海洋经济的开发还处于中等水平，所以未来我国将迎来海洋经济大发展时代；从国际因素来看，振兴海洋经济，维护我国海洋权益，是国家战略安全的要求。

再者，闽粤台是发展海洋经济地区中具有代表性和示范性的区域。因此，本文将通过对福建、广东和台湾三个地区进行比较分析：①对闽粤台海洋经济发展现状进行比较；②对闽粤台海洋经济战略定位进行比较；③最后提出对闽粤台三地发展海洋经济的研究方法和具体策略。希望为其他沿海省市或地区发展海洋经济提供一定的借鉴作用。

2　闽粤台海洋经济发展现状比较

2.1　闽粤台三次产业结构比较

我国在《海洋经济发展规划纲要》中，将海洋产业定义为"开发利用海洋的各类产业及相关经济活动"，并简单地将其划分为传统海洋产业、新兴海洋产业和未来海洋产业，或划分为海洋第一、第二、第三产业。① 中国台湾地区相关部门在 2006 年发布的《海洋政策白皮书》中对海洋产业

[作者简介] 李兰芝，女，1991 年出生，汉族，汕头大学在读研究生，产业经济学专业，邮箱：14lzli@stu.edu.cn；黄艺婷，女，汉族，汕头大学商学院学生。

① 海洋第一产业为海洋农林牧渔业；海洋第二产业为海洋油气业、海滨砂矿业、海洋盐业、水产品加工业、海洋化工业、海洋生物医学业、海洋电力和海水利用业、海洋船舶工业、海洋工程建筑业等；海洋交通运输业、滨海旅游业、海洋科学研究、教育、社会服务业等为海洋第三产业。

进行了明确定义：即"利用海洋或依赖海洋而发展的相关事业的统称"。①

　　由图 1 至图 3 可知，第一产业所占比重较小，闽粤地区主要发展第二产业，且福建省的第二产业相对比例较大，从产业结构上来看，广东的海洋产业结构优于福建。以 2010 年为例，福建的三次产业结构比例为 1：5.04：5.55，广东为 1：20.21：21.34，世界平均海洋产业构成比例为 1：7.8：4.4，美国则为 1：14.6：34.4。广东省的第三产业逐年增加，福建省三次产业结构趋于稳定发展，两者处于工业化中后期社会形态，有待于进一步的产业升级。中国台湾地区的第三产业比例最大，产业结构已进入以服务业为主导的发达地区社会形态，已基本完成重工业化的发展，步入了知识经济时代。

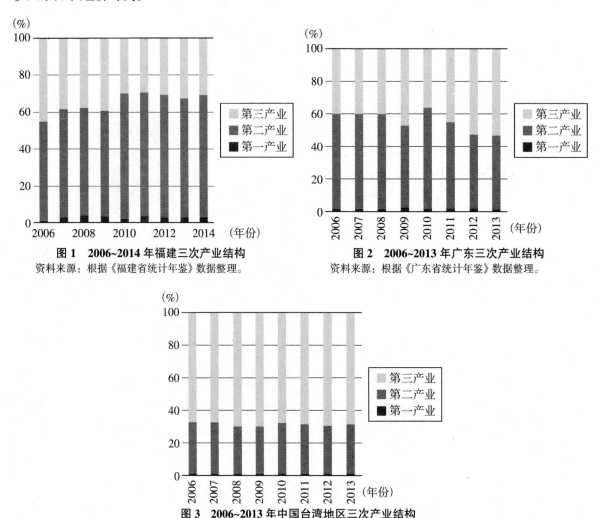

图 1　2006~2014 年福建三次产业结构
资料来源：根据《福建省统计年鉴》数据整理。

图 2　2006~2013 年广东三次产业结构
资料来源：根据《广东省统计年鉴》数据整理。

图 3　2006~2013 年中国台湾地区三次产业结构
资料来源：根据《中国台湾地区统计年鉴》整理而得。

2.2　闽粤台海洋传统产业比较

　　本文主要选取海洋捕捞养殖、海洋矿业、海洋化工业、沿海港口客货吞吐量等对福建、广东和中国台湾② 三个地区进行比较和分析。

---

① 资料来源于 2006 年《海洋政策白皮书》。
② 中国台湾地区海洋捕捞产量由远洋渔业产量、近海渔业产量和沿岸渔业产量相加而得。

2.2.1 海洋渔业

不管是海洋捕捞还是海水养殖，福建的产量都是闽粤台中最高的，说明福建在海洋捕捞和海水养殖两大产业上处于领先地位，而且海洋渔业属于海洋第一产业，这也解释了福建海洋第一产业产值和比重都比广东高的情况。在远洋捕捞方面，中国台湾地区的产量远远高于福建和广东，说明台湾地区附近海域有非常丰富的渔业资源，比如台湾海峡，为我国重要渔场之一，寒暖流交汇，鱼虾种类繁多。2009~2012年闽粤台海洋渔业比较如图4所示。

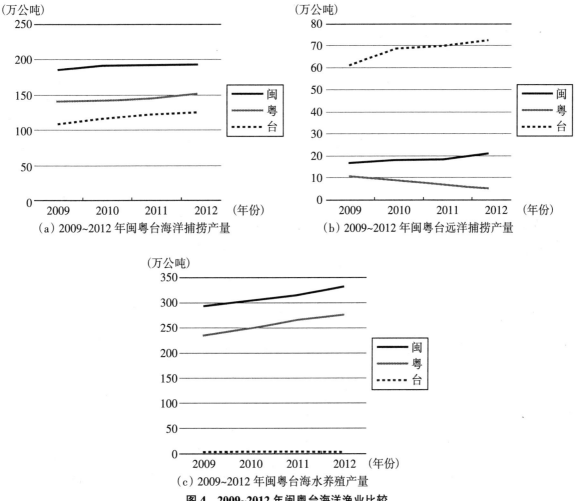

（a）2009~2012年闽粤台海洋捕捞产量　　　（b）2009~2012年闽粤台远洋捕捞产量

（c）2009~2012年闽粤台海水养殖产量

图4　2009~2012年闽粤台海洋渔业比较

资料来源：根据《中国海洋统计年鉴》及《中国台湾地区统计年鉴》整理而得。

2.2.2 海洋矿业及化工业

中国台湾地区的情况由于数据不详无法比较，就福建和广东来说，福建的资源更为丰富。福建是全国海盐生产的重要基地，2010年福建和广东盐田面积分别为5607公顷、10000公顷，然而广东年海盐生产能力远低于福建的水平。说明福建的海盐生产技术和盐田质量优于广东。再者，受2008年国际原油价格震荡的影响，海洋化工市场持续低迷，福建的化工产量受此影响急剧减少，而广东南部沿海已形成由广州石化基地、惠州大亚湾石化基地、茂（名）湛（江）石化基地组成的世界级石化产业带，海洋化工产量也因此利好而有所提高。2008~2012年闽粤台各类海洋产业活动量值如表1所示。

表 1　2008~2012 年闽粤台各类海洋产业活动量值

地区	海洋矿业产量（吨）				
	2008 年	2009 年	2010 年	2011 年	2012 年
福建	2063800	2082500	2287100	2598700	2645700
广东	—	—	—	—	—
台湾	—	—	—	—	—
地区	海盐产量（万吨）				
	2008 年	2009 年	2010 年	2011 年	2012 年
福建	40.13	53.14	29.99	48.50	27.04
广东	14.54	11.57	14.16	15.80	8.62
台湾①	—	—	—	—	—
地区	海洋化工业产量（吨）				
	2008 年	2009 年	2010 年	2011 年	2012 年
福建	4354899	269840	378987	752636	1462106
广东	720840	840900	576500	665400	805000
台湾	—	—	—	—	—

资料来源：根据《中国海洋统计年鉴》整理而得。

2.2.3　港口客货吞吐量

据表 2 数据可知，不管是货物吞吐量还是旅客吞吐量，广东都居闽粤台三地之首，福建居第二位，台湾居第三位。改革开放以来，广东和福建不断加快港口建设，全国有 1293 个万吨级港口，福建就有 54 个；广东有珠海港、虎门港、广州港、深圳港和湛江港 5 个超亿吨大港，海洋航运实力雄厚。

表 2　2008~2012 年闽粤台沿海港口客货吞吐量

地区	货物吞吐量（万吨）				
	2008 年	2009 年	2010 年	2011 年	2012 年
福建	27400	30542	32687	37279	41359
广东	98795	89123	105299	114455	121265
台湾	26618	23574	24649	24442	23892
地区	旅客吞吐量（万人次）				
	2008 年	2009 年	2010 年	2011 年	2012 年
福建	—	764	995	1349	1449
广东	—	887	1091	2273	2367
台湾	50.7	57.6	67.0	66.5	69.9

资料来源：根据《中国海洋统计年鉴》、《台湾地区统计年鉴》整理而得。

由于中国台湾地区的海洋管理实行多部会协调的机制，于 2004 年 1 月成立"行政部门海洋事务推动委员会（简称海推会）"对中国台湾地区的海洋事务进行综合管理，推动海洋政策的落实和执行，与中国大陆有所不同。在行政部门主计处的相关统计中没有对海洋产业或海洋经济进行系统的统计，仅有行政部门农业委员会渔业署每年对台闽地区进行的渔业统计年报，所涵盖项目仅包括海洋渔业部分，因此表 2 中部分项目数据不全，无法进行比较。

———————————

①《中国台湾地区统计年鉴》中晒盐生产量从 2004 年开始无统计值。

2.3 闽粤台海洋科技和教育投入比较

海洋产业有传统产业也有新兴产业，传统产业的技术水平相对成熟，但要顺应国家产业结构调整的趋势，传统产业必须进行技术创新和产业创新，因此科技和教育的投入必不可少。

由表3可知，无论是科研机构数量、从业人数还是经费投入，广东和福建都是不断增加的。2010年的增长尤其迅猛，福建和广东2010年的海洋科研机构经费投入都是2009年的10倍以上，政府投资也呈倍数增加。虽然福建和广东在海洋领域已经拥有一批水平较高的学科带头人，以及大量专业技术人才，但从总量上来看，高层次的人才仍然紧缺，海洋科技实力和高等教育配套不足以满足两省建设"海洋强省"的需求。所以，要推进海洋经济健康发展，福建和广东仍需加强教育、科研的投入和支持。

表3 2009~2012年闽粤台海洋科研情况

年份	2009				2010			
地区	机构数（个）	从业人员（人）	海洋科研机构经费投入（万元）	基本建设中政府投资（万元）	机构数（个）	从业人员（人）	海洋科研机构经费投入（万元）	基本建设中政府投资（万元）
福建	12	1051	42865	124	12	1004	436869	355
广东	28	2690	134119	23040	25	2795	1532153	148898
台湾	—	—	—	—	—	—	—	—
年份	2011				2012			
地区	机构数（个）	从业人员（人）	海洋科研机构经费投入（万元）	基本建设中政府投资（万元）	机构数（个）	从业人员（人）	海洋科研机构经费投入（万元）	基本建设中政府投资（万元）
福建	12	1023	527127	865	12	1075	846320	1495
广东	25	3088	1744704	71643	24	3164	1774881	134348
台湾	—	—	—	—	—	—	—	—

资料来源：根据《中国海洋统计年鉴》整理而得。

3 闽粤台海洋经济战略定位比较

3.1 三者趋同之处

3.1.1 经济发展的总体趋势相同

随着地区经济结构的优化和对外开放水平和质量的不断提高，对外贸易的产品结构和产业结构也随之升级，闽粤台的海洋经济都在不断发展，经济总量逐年增加，产业结构也在不断优化。在海洋产业的发展上，闽粤台都趋向于提高海洋新兴产业的比重，逐步降低传统海洋产业的比例，提高科研技术和教育的投入，重视海洋相关专业人才的培育，发展地方特色的海洋经济。

3.1.2 海洋经济区的部分产业趋同

发展经济必须因地制宜，海洋经济也不例外。在发展新兴海洋产业方面，广东省的研发基础较好，在国务院批复的《广东海洋经济综合试验区发展规划》中明确提出要把海洋可再生能源作为海洋战略性新兴产业发展的重点之一，将加快推动海洋风能、波浪能、潮流能等海洋能的开发和利用。福建出台了《福建省海洋战略性新兴产业发展专项规划》以及支持和促进海洋经济发展的九条措施，将海洋新兴产业列入了产业发展的重点，每年安排10亿元专项资金支持海洋新兴产业的发展，并在税收、金融上给予政策优惠。

3.2 三者差异之处

3.2.1 社会经济基础不同

闽粤台三者都沿海，占据地理优势，尤其是广东省。由于毗邻中国香港地区，与国际较早接轨，广东的综合经济实力在总体上一直处于全国领先水平，是珠江三角洲经济圈的龙头地区。从1988年开始进出口总额首次超过北京，居全国第一，到2011年已连续24年稳居全国第一，国际化水平一直保持高位。福建虽拥有长达3324公里的海岸线，居全国第二，拥有125个大小港湾，但发展速度不及广东，随着两岸经贸协议的签署和合作关系加强，福建将有机会承接更多台湾产业转移，大量台商投资的进驻，也将带动福建经济和对外开放水平的提高。在20世纪70年代，凭借发达的航运和国际贸易，中国台湾地区经济腾飞，跻身为亚洲四小龙之一，但由于特殊的历史和贸易结构受2008年金融危机影响较大。2008年9月，两岸达成《海峡两岸关于大陆居民赴台湾旅游协议》并陆续增加开放台湾自由行的试点城市，这将在很大程度上促进台湾观光旅游业的发展和经济的繁荣。

总的来说，福建、广东和台湾经济基础都比较雄厚，但也存在较大差距。广东在经济总量、对外开放水平等方面都有绝对优势，经济基础也是最雄厚的，其次是台湾，福建稍差。

3.2.2 产业发展的侧重点不同

福建省在"十一五"期间重点发展港口物流业、海洋渔业、滨海旅游业、船舶修造业等主导产业，重点发展海洋新兴产业（海洋生物制造业、海洋风力发电业、海水综合利用业、滨海矿产业和海洋信息服务业等）；[①]广东省的海洋产业以传统海洋产业为主，新兴产业相对占比较小。福建和广东的海洋新兴产业发展较弱与我国投融资体系的缺陷有关。因为海洋新兴产业具有技术含量高、研发周期长、风险高等特性，决定了其在吸引投资上处于弱势地位，起步晚、投资少、科研不足等因素导致海洋新兴产业的规模难以在短时间内扩大，因此整个中国的海洋经济结构都是不够合理的。台湾的海洋产业长期以远洋渔业、航海产业、造船产业及水产养殖业等为主，产量及产值在世界上均占有重要地位。

3.2.3 两岸海洋政策的差异

在管理模式方面，过去中国的海洋管理主要是以海洋资源开发的行业管理，因而形成从陆地向海洋延伸的行业主管部门对单向资源的分割管理模式。例如，由渔业部门负责海洋渔业生产和渔业资源管理，轻工业部门负责海盐生产和海盐资源的管理，能源部门管理海上油气生产和油气资源，交通部门负责管理港口和海上交通运输。中国台湾地区则由海巡署以"海域执法"部分先行整合，同时强化海推会的协调特性。海巡署的工作包括三大核心：港口安全检查、海上交通秩序维护以及海岸管制区，还有海事服务以及海洋事务。

在海洋立法方面，两岸的海洋立法涵盖广度差异不大，但中国大陆的海洋专门立法要比中国台湾地区更多，比如，在策略方面，中国台湾地区对海洋区域的管理分散在区域计划、建筑法、国有财产法、土地法等涉及海洋的规定，而内陆地区有一部完整的《海域使用管理法》，对海域分区进行明确规定，整体性更强。

---

① 参见《福建省海洋新兴产业发展规划》。

4 闽粤台海洋经济区发展对策研究

海洋经济相对陆地经济而言，是一个新兴的经济，尤其是对于中国来说。改革开放以来，中国海洋经济蓬勃发展，2011 年我国海洋经济总产值达 45570 亿元，占 GDP 总值的 9.7%，但传统海洋产业仍占据主导地位。在海洋经济越来越重要的 21 世纪，重视海洋经济的规划不仅是社会经济发展的要求，还具有国家战略意义。

从方法上讲，首先，由于中国属于发展海洋经济的"后来者"，因此学习和借鉴发达国家的经验是必要的。其次，目前中国的海洋管理体制存在的部门割据和职能分割的问题不利于海洋产业的协调快速发展，而中国台湾地区成立海推会对海洋进行综合管理的做法有其值得借鉴之处。要发展海洋经济，必须打破当下既有的利益格局，引入国家和政府的干预，创建一个统筹机构来管理海洋，破除部门和区域的分割，实现海洋经济的一体化发展。最后，科技作为第一生产力，推动海洋科技的发展，有利于提高各类海洋产业的生产效率，处理好开发利用与保护海洋之间的关系，特别是海洋新能源的开发和利用，有助于解决当前我国能源供求之间的矛盾关系，减少对传统能源的依赖。因此，政府的引导和扶持作用很重要。

在具体对策方面有如下两点：

（1）创新一体化发展机制，构建闽粤台海洋经济合作圈。虽然广东多年来一直在推动粤台海洋渔业、滨海旅游、港口物流和产业园区的建设，取得一定成效，但仍然存在很多问题。[①] 因此，立足于粤台而非单独一个地区，打造闽粤台海洋经济合作圈，充分利用三地各自的资源优势，扩大内陆与台湾交流合作的规模，以粤东海洋经济重点发展区为支撑，对接海峡西岸经济区，引导台资企业投资能源、外向型渔业、临海石化、海洋装备等海洋产业，建设闽粤台临海工业集聚区，形成互补、互促之势，充分利用中国台湾地区教育方面的资源，培育高层次人才，具有很大的前景。

（2）加强与内陆合作，提高经济发展水平。本文前部分已提到广东、福建在 2008 年金融危机后能快速重整旗鼓是因为内陆较大的需求带动了经济的复苏，而中国台湾地区近年来经济萎靡不振，逐渐被"边缘化"，而有着 13 亿多人口的大陆在世界上的经济地位愈加重要，因此中国台湾地区应该充分认识大陆对于台湾经济的重要性，在现有的海峡两岸经济合作框架协议的良好平台上，有效地推进和规范两岸海洋经济合作的进程，通过沿海省份的窗口与更广阔的内陆地区在海洋经济领域进行产业对接与合作，共同发展经济。

〔参考文献〕

［1］Gardner Pinfold. Economic Impact of Marine Related Activities in Canada ［R］. Report to Department of Fisheries and Oceans，March，2009.

［2］Kildow J. T.，Colgan C. S.，Scorse J.. State of the U.S. Ocean and Coastal Economics 2009 ［R］. National Ocean Economics Project，USA，2009.

［3］陈可文. 中国海洋经济学 ［M］. 北京：海洋出版社，2003：86.

［4］陈乔之. 广东的区位优势与经济发展 ［J］. 广州：东南亚研究，1996（4）：22-25.

［5］陈清潮. 广东发展海洋产业大有可为 ［J］. 南海研究与开发，2001（2）：50-51.

［6］范晓婷. 日本海洋新政策及其对中国的借鉴意义 ［J］. 石家庄经济学院学报，2008（4）：67-71.

［7］福建省：发挥区位优势，构建服务中西部的海峡西岸对外开放通道 ［R］. 武汉商务，第三届中博会："大通关"合作论坛，2008：9-11.

[①] 杨薇. 台盟广东省委建议构建粤闽台海洋经济合作圈 ［R］. 广东省政协十一届二次会议，2014-01-16.

[8] 福建省统计局. 福建统计年鉴 [M]. 北京：中国统计出版社，2013：226.

[9] 广东省统计局. 2010 年广东国民经济和社会发展统计公报 [EB/OL]. 广东省统计局网站，2011-02-25.

[10] 国家发展和改革委员会，国土资源部，国家海洋局. 全国海洋经济发展规划纲要，2003.

[11] 国家海洋局. 海洋及相关产业分类（GB/T 20794-2006）[M]. 北京：中国标准出版社，2006.

[12] 国家海洋局. 中国海洋统计年鉴（2010）[M]. 北京：海洋出版社，2011：43-84，96-98，111-115.

[13] 国家海洋局. 中国海洋统计年鉴（2011）[M]. 北京：海洋出版社，2012：43-55，63-82.

[14] 国家海洋局. 中国海洋统计年鉴（2012）[M]. 北京：海洋出版社，2013：47-57，67-90，95-115.

[15] 姜旭朝，张继华，林强. 蓝色经济研究动态 [J]. 山东社会科学，2010（1）：105-107.

[16] 刘宾. 开放型海洋经济区：鲁浙粤战略定位比较研究 [D]. 青岛：中国海洋大学硕士学位论文，2012：27-45.

[17] 刘小溪. ECFA 对海峡两岸经济发展的影响 [J]. 江西财经大学，东方企业文化，2011（1）：102.

[18] 楼东，谷树忠，钟赛香. 中国海洋资源现状及海洋产业发展趋势分析 [J]. 资源科学，2005，27（5）：20-26.

[19] 乔翔. 中西方海洋经济理论研究的比较分析 [J]. 中州学刊，2007（6）：38-41.

[20] 任品德，钮智旺，王平，谢健. 广东海洋产业可持续发展策略研究 [J]. 海洋开发与管理，2007（5）：37-41.

[21] 张莉. 广东建设海洋经济强省研究 [J]. 太平洋学报，2009（8）：83-91.

[22] 张耀光，胡新华，高辛萍. 我国海洋经济高新技术的"瓶颈"制约及对策 [J]. 人文地理，2002（3）：90-92.

[23] 周秋麟，周通. 国外海洋经济研究进展 [J]. 海洋经济，2011（1）：43-52.

A Comparative Study of Fujian, Guangdong and Taiwan on Ocean Economic Strategic Positioning

Lanzhi Li, Yiting Huang

(Business School of Shantou University, Shantou, Guangdong, 515063)

Abstract: In September in 2012, the "National Marine Economic Development 12th five-year plan", promulgated by the State Council, rises ocean economy to the national strategic level. As a higher degree of development and utilization of marine resources in coastal areas, marine economy in Fujian, Guangdong and Taiwan vary a lot. To analysis and comparison of Fujian, Guangdong and Taiwan's strategic positioning and the state of the marine development of marine economy makes a great difference to theoretical guidance and practice. By using multidisciplinary crossover study and comparative analysis to point out the differences of Marine economy strategy positioning in Fujian, Guangdong and Taiwan, this paper aims at draw Marine economic development countermeasures to guide the national Marine economy, realizing China's dream "Sea Power".

Key Words: Ocean Economic; Fujian, Guangdong and Taiwan; Development; Positing Strategy

JEL Classification: Q22, R11

第 2 辑

粤 台 商 业 评 论
GuangDong-Taiwan Business Review

Vol. 2

两岸养老地产合作发展模式探析

曹　琼　熊金才

（汕头大学商学院，汕头大学法学院，广东汕头，515063）

[摘　要] 开发养老地产比商业地产更为复杂，对建筑设计、物业运营要求高。在老龄化社会，如何让老年人有尊严、有保障地生活，多年来中国台湾地区民间组织、家庭以及老人本身共同探索的发展模式、积累的经验可供大陆地区借鉴。加强两岸地区在养老服务领域的合作，采取"大陆地区的房子，台湾地区的服务与运营"模式，探索并实践符合中国大陆市场特点的创新型养老地产运作模式。

[关键词] 养老地产；台湾经验；发展模式

[JEL 分类] R20

养老地产的本质是两个第三产业的结合——养老服务业和老年房地产业，这两个行业的投资主体和盈利模式都是不一样的。养老服务业的投资主体是民营非企业或者民营养老公司，盈利来源主要是会员费和服务费；房地产就是房地产开发公司的投资企业，盈利来源是房屋销售和房屋出租。房地产商卖的是硬件设施，服务提供商卖的是养老服务和物业的运营管理。近年来，我国养老机构人员伤亡事故频发，凸显我国养老地产物业运营管理体系不完善，需要借鉴海外成熟的经验，构建新型的养老地产开发模式，提高养老地产物业运营管理水平。

随着大陆地区老龄化问题日渐凸显，潜在的巨大养老市场需求与养老设施供应不足现状之间的矛盾正日益凸显。大陆地区养老产业的广阔发展前景和供求矛盾，使养老地产一度被开发商视为潜力无限的"新大陆"。目前，大陆地区已有 20 多家房地产相关企业正式打出了"养老牌"，然而，诸多一线开发商投资收效很小，例如，万科总裁郁亮曾表示，万科的养老地产项目并没有成功吸引老年业主。大陆地区养老地产失败的关键原因在于缺少服务概念，仍在走卖房子的传统开发套路。养老产业核心内容是服务，没有服务的养老地产必然失败。目前大陆地区出现的养老地产，只是为养老服务提供必要的硬件载体。

在海峡对岸的台湾地区，养老服务、养老社区这些发展了十多年的服务，正成为大陆地区房企纷纷学习的对象。与大陆地区相比，台湾地区早在 1993 年就进入了联合国定义的老龄化社会，这导致了台湾地区养老服务的发展至少要比大陆地区提早了 20 年。至 2014 年底，台湾地区 65 岁以上老年人口为 240 多万，占总人口的 10.43%。据台湾地区行政主管部门预测，到 2025 年，台湾地区老年人口将占总人口的 20% 以上。在老龄化社会，如何让老年人有尊严、有保障地生活，多年来台湾地区、民间组织、家庭以及老人本身共同探索的发展模式、积累的经验可供大陆地区借鉴。

开发养老地产比商业地产更为复杂，对建筑设计、物业运营要求高。设计地产项目时，需要考虑适合自身市场定位、可利用资源、资金水平、风险控制水平的开发类型，同时这一开发类型又要适合目前国情，适应老年消费者的传统观念与思维。目前不论是房地产商还是寿险公司，都

[作者简介] 曹琼，女，1970 年出生，汉族，副教授，博士研究生，研究方向为区域经济学和产业经济学；熊金才，男，1964 年出生，汉族，教授，博士研究生，研究方向为民商法和婚姻法。

只开发了综合高端老年社区。选择综合养老社区开发模式，一方面是这一模式在国外比较成熟，投资运营方面容易借鉴；另一方面潜在客户群经济收入水平高，能够在较短时间内收回成本。但中小公司需要避开过高的资金要求，避免过长的收益回收期，应以更加灵活的方式开发养老地产，满足不同支付能力的消费需求。

养老地产业是目前养老产业中最为活跃的行业之一，也是涉及产业链长、相关行业广泛的中坚行业。养老地产与以房养老金融服务、证券化投资工具、医疗护理服务、老年用品生产、老年文娱业、旅游业都密切相关，其发展将带动起整个养老产业链的完善与提升。目前我国养老地产业各投资机构把市场定位都放在了高端养老社区上，开发形式单一，定位客户单一，盈利模式单一，养老地产多样性特征没有发挥出来。地产企业在房产开发经验及物业运营方面具有优势，寿险企业在资金实力、资源整合能力及客户营销方面具有优势，医疗护理机构在专业疗养方面具有优势。因此无论是地产企业、寿险企业还是医疗护理机构、民政单位等投资主体都要根据自身情况选择恰当的商业模式。

目前，大陆地区养老产业还没有值得推广的示范出现，原因在于养老地产项目对专业化及运营方面具有特殊的要求，使得大陆地区筹谋研究此领域的企业众多，但落地实施的企业鲜见。由于养老产业承载了很多社会责任属性，使其与纯商业性质的地产不同，它没有退出机制，同时因中西文化的差异，西方养老模式及理论难以在中国复制实行。因此，两岸养老产业合作能在台湾地区经验的基础上，实施养老地产在中国内地市场的最佳发展模式。

1 中国大陆养老地产发展中存在的问题

大陆地区养老产业正在起步期，养老体系的整体构建是当前政府和各类社会组织的重点任务。用国务院印发的 2013 年 35 号文件的定义，当前中国社会"养老服务和产品供给不足、市场发育不完善、养老服务的扶持政策不健全、体制机制不完善、城乡区域发展不平衡等问题还十分突出"。总的来看，存在以下几个问题：

1.1 缺乏完善的养老产业组织体系

目前我国的社区养老服务主要由民政部门主管，具体地则由街道办事处、居委会进行管理，行政色彩比较浓厚，产业化程度较低，没有什么产业组织来支撑。产业组织的匮乏，是造成我国社区养老服务事业无法大规模发展的重要原因。随着经济的发展，产业组织在市场经济中的重要性日益提升。产业组织是社区服务的载体，要实现社区服务的产业化，就必须建立健全产业组织体系。

从目前各社区发展的情况来看，不乏产业组织体系比较健全的社区，这些社区已经逐步探索出一条产业化道路。南京市是社区养老服务做得比较好的城市之一，全市共建成区街两级社区服务中心 53 个，面积超过 1000 平方米的有 8 个，老人公寓 70 所、老人活动中心 663 个、老人康复中心 40 个，初步形成较完整的产业体系，产业组织遍及全市六个城区。浙江温州的红枫老人公寓按照市场化方式，实行标准化建设、企业化管理和社会化服务，公寓区内除了独立式公寓、普通多层公寓外，还建设了老人活动中心、国际老人休闲俱乐部、护理中心以及超市、宾馆等配套设施，初步形成了一个集老年人生活、医疗、保健、娱乐和学习等服务功能于一体的老人社区服务站。

1.2 社区养老服务产业化进程缓慢

社区养老服务的产业化是指社区养老服务工作从行政性经营到市场化经营、从事业化管理到企业化管理、从非经济实体到经济实体、从财政维持到自负盈亏的过程。社区养老服务既要提倡志愿服务、立足奉献、无偿服务，也要遵循市场经济的价值规律，寻求产业化的发展道路，为社区养老服务事业的开展奠定物质基础。但是，从目前来看，社区养老服务的产业化程度较低，其经营方式和管理方式的市场成分都较少。

从投资方来看，当前，政府仍然是社区养老服务的强大投资者，社会及个人的投资极少。然而政府的投资不是无限的，随着社区养老服务项目的不断拓展，服务质量的不断提高，必然面临资金短缺的问题。因此，要运用市场机制，走产业化道路，来解决人们服务需求的扩张和资金短缺二者之间的矛盾。

1.3 养老模式单一，服务质量差，定价较高

目前中国大陆养老模式单一，是以政府主导的机构养老模式为主。机构养老就是在老年公寓、社会福利院、养老院、老年护理院等养老服务机构养老，老年人通过付费的方式购买养老机构提供的如日常生活、卫生医疗等方面的服务。然而机构养老在社会普遍"未富先老"的现实面前，显得困难重重。目前大陆地区养老机构的数量严重不足，设施发展滞后。养老机构的费用较高，许多家庭望而却步，使机构养老还难以广泛普及。此外，我国机构养老事业市场运作还不成熟，存在乱收费、服务质量差、建设不达标等现象，尚不能满足老年人养老的各种需求。根据中国台湾地区的经验，传统的养老机构慢慢会被淘汰，而由老人住宅（老年公寓）替代。今后养老机构养老将不超过30%，而社区养老和居家养老将占到70%。老人住宅将被越来越多的人认可，未来老人住宅的需求将不断增加。

1.4 养老地产发展受到系统性约束

养老地产发展模式的选择不仅受特定国家政治、经济、文化、社会以及法治状况等宏观环境的影响，也受到不同社会阶层的养老观念、家庭结构、支付能力等微观环境的影响。因此，养老地产的发展需要科学的顶层制度设计、合理的市场定位、可持续的软硬件配套能力的支持以及对投资—运营—回报整个链条的有效掌控，是一个系统性工程。

养老地产的开发涉及企业、政府、社会服务、居民、体制等关键要素，产业链条很长，需要这些要素协同作用才能起到应有的效果。养老地产作为一个产业，其发展必然受到市场消费者对产品设计方面特定需要的影响。因此，从营销的角度看，养老地产开发机构首先应该对中国老年人的养老需求进行调研，再量身定做、设计能够满足老年人多样化需求的地产项目，整合相关领域资源，如日常医疗卫生保健、照护服务、物业管理、娱乐健身以及餐饮服务等，按照市场机制的要求，逐步建立起实体化、产业化的社区养老服务组织体系，大力发展各种类型、多种功能的社区养老服务中心、老年服务站等经营性实体，不断壮大社区养老服务的发展规模，加快社区养老服务的产业化进程；然后，根据老年人不同的支付能力进行多层次定价。其中，整合相关领域系统性资源是一个企业力所不能及的，需要政府部门制定相关的支持政策体系和指导。

2 养老地产市场调研

养老地产的需求受社会类型和社会结构的影响，养老地产的政策支持体系取决于其公益性与商业行为属性的理论辨析和实践运行，养老地产运营模式的选择受文化传承、经济发展水平和各参与主体的市场化运作能力的影响。

中国台湾的养老地产已历经多年实践，并形成了相对成熟的理论支持体系。养老地产的研究重心已经从概念界定、需求与动因转变至养老地产对老人生活品质的实证研究、养老地产运营模

式以及养老地产的运行风险与监管政策等，并通过实证工具全面评价养老地产不同模式的运行绩效。综合看，中国台湾养老地产的运行具有下列特征：以社区为依托，开发主体多元，投融资渠道畅通，运营模式多样，市场化程度高，制度保障健全。上述实践对中国大陆养老地产的发展具有借鉴意义，但基于经济、文化和社会条件等的差异，对中国台湾经验的借鉴需要本土化。

中国大陆对养老地产的研究尚处于起步阶段，研究重点在下列三个方面：养老地产的现状与问题、国外养老地产发展经验及其借鉴意义以及我国养老地产发展的对策建议。总体来看，大陆地区相关研究缺乏养老地产需求、需求动因及需求差异性的实证研究，同时也缺少养老地产发展的深层次理论研究以及影响大陆地区养老地产发展模式的多学科分析。

根据需求层次理论及竞争优势理论，我们对广东、湖南和河南三省六个城市开展养老地产市场调研，走访了政府的养老机构、民办的养老山庄和开发商的养老社区，对企业负责人及入住老年人进行访谈，得出以下结论：

2.1 老年人的需求方面

2.1.1 养老生理需要

需要现代服务的配套。包括社会化养老机构在内的养老产业作为经济社会发展新的动力元素，与现代服务业的全面融合是一种必然趋势。不少老年人使用的是设施、产品和为之提供的服务，需要与信息技术有机契合，使之"傻瓜化"和智能化，从而使老年人用得方便舒心。许多现代服务业的技术元素，包括房地产开发、金融、城市规划、信息技术、环保等，都必然地在社会化机构养老中得到应用，从而使养老产业随着经济社会的发展而不断创新，使养老产业与现代服务业逐步融合。从国外养老产业发展的经验来看，养老服务产业与现代服务以及现代技术、现代管理手段相融合是一种必然趋势，是提高社会化机构养老服务质量与服务水平的重要举措。在现代服务业健全的条件下，可以鼓励社会化养老机构投资者与管理者的分离，投资者只负责社会化养老机构的投资建设，由专业公司负责社会化养老机构的日常运营管理，社会化养老机构的专业化运营管理，可以发挥分工协作的优势，提升社会化养老机构的服务质量与水平。

2.1.2 养老安全与尊重需要

需要医疗机构的参与。老龄人口随着年龄的增长，其身体机能必然会出现弱化，这是人体自然演变不可逆转的趋势，社会化机构养老模式中的医疗保健需求必定会不断增长。近年来，"看病难、看病贵"等问题已经屡见不鲜。在社会化机构养老的产业链中，医疗应该位于最上游，是社会化机构养老的"中枢神经"。在社会化机构养老模式中，社区医疗机构的建设与参与尤为关键。当前，我国养老模式是"家庭养老"、"社区养老"和"机构养老"并存的格局，相应的社区级医疗机构明显不足。

社区医疗机构能够为老龄人口提供基本的门诊服务和保健服务，有利于缓解大医院资源过度集中、过度拥挤的困局，有助于为老年人提供价廉周到、就近快捷的医疗卫生服务，实现有限医疗资源合理化的空间配置，体现基本医疗的公益性。并且，多数老年人易患的高血压、糖尿病等慢性疾病，更需要长期跟踪服务，在这方面，社区医疗机构与社会化养老机构的结合有着无可比拟的竞争优势。除此之外，社区医疗机构如何提升自身服务水平和拓展业务，也需要寻找战略合作伙伴。近年来，一些地区为解决养老机构与医疗机构相互脱节的问题，有针对性地提出发展"养老院＋医院"新模式，新建住宅小区配套养老服务设施和社区医疗机构。例如，根据广东省出台的《关于加快社会养老服务事业发展的意见》，经卫生部门批准并取得医疗机构执业许可的养老服务机构可以设置相应的医疗机构，经社会保险行政部门审核批准，可以纳入基本医疗保险定点医疗机构范围，其参保人员，按照基本医疗保险的有关规定享受相应的医疗保障待遇。

2.1.3 养老社交需要

需要社区居家养老服务。从调研结果来看，老年人比较倾向于社区居家养老模式。因为机构养老"背井离乡"的方式与老年人"儿孙绕膝，颐养天年"的养老心理和"落叶归根"的地缘依赖心理相违背。选择机构养老意味着老年人要远离亲朋好友和其熟悉的生活环境，去重新适应和融入新的环境中。受传统观念的影响，比起去养老院，老年人更愿意与亲友一起生活。因此，机构养老模式并不被大多数家庭所接受。据调查，城市老年人一年中经常在住地附近活动的占53.6%，在家门口活动的占58.3%，经常在市内活动的占19.8%，经常离开本市去外地活动的占1.2%，这说明大多数老年人的日常活动是在居住社区的范围之内。因此，面对人口老龄化、家庭空巢化，传统家庭养老功能不断弱化而机构养老在短时间内又难以普及的现实，以社区为依托的社区居家养老服务对于解决日益繁重的养老问题意义重大。

以社区为依托，充分整合社会资源的新型养老模式——社区居家养老服务应运而生。目前养老社区建设还处于市场萌芽期，但发展前景非常可观。我国现在正经历世界历史上规模最大、速度最快的老龄化过程，到2030年老龄人口将达到4亿，如果其中1/10是具备支付能力的中产阶级，那么就需要建设拥有4000万张床的养老社区。目前我国的养老方式仍以居家养老为主，但是随着老年人口的激增，需要加快社会化养老体系的建设，比如养老社区的建设。

2.2 产业发展缺乏的配套政策

2.2.1 土地政策的支持

在农村，土地不仅是重要的生产资料，而且长期以来在农民养老中扮演着重要角色。尽管土地收入对养老的支持程度在下降，但是可以通过土地流转、规模经营、产业结构调整和改变土地利用方式等措施提高土地养老的支持程度。所以，我们必须要坚持农村宅基地、承包地政策的稳定性与连续性。对于社会化养老机构，更需要土地使用制度上的优惠与支持。[1] 社会化养老机构用地可以比照公租房和其他公益项目用地的优惠，以划拨用地形式供地；并且规定，地上建筑物不得出售但可以租赁方式有偿使用，使社会化养老机构获得一定的现金流，可以通过适当的市场运作逐步收回投资。

2.2.2 金融机构融资的支持

社会化养老机构的建设可以寻求多元化的资金投入方式，比如，可以考虑政府投资一部分、房地产开发商投资一部分、社会各界捐资一部分，在社区中配建敬老院、残障院、孤儿院、光荣院、福利院等"几院合一"的社会化机构，然后委托给专业养老机构经营管理，在社会化养老机构的发展上，政府的财政资金最好作为"杠杆资金"，以专项补贴、配套资金、贷款贴息等形式，引导、催化和促进民间资本投资到社会化养老机构的开办中。同时，要通过政府的杠杆资金效应，催化社会化养老机构向银行融资的力度；还要鼓励社会化养老机构与金融机构联手，以理财产品、企业债券等新金融产品向社会融资；而且要鼓励有条件的社会化养老机构通过资本市场融资等。另外，社会化养老机构的投资存在周期长、规模大、收益稳健的特点，正好满足了养老金的投资要求。可以考虑，将社保基金、养老保险基金、企业年金、个人储蓄等，通过严格监管和科学运作，形成支持社会化养老机构的一种专项投资基金，以有效弥补社会化养老机构发展的资金缺口。

可推进保险资金进入社会化养老机构在内的养老产业：一是投资养老产业拓展了保险资金的投资渠道；二是保险资金与养老产业在投资周期、运营方式等方面有着很好的契合点，保险资金与养老产业在技术和管理方面也具有内在优势，能创新产品和服务。[2] 另外，对有资产而拿不出现金的家庭，可以通过房产抵押、委托出租经营等，让其老年人具备进入社会化养老机构安度晚年的支付能力。

2.2.3 税费优惠政策的支持

税收和规费作为现代社会重要的经济调控手段，在社会化养老机构发展中有着举足轻重的作用。商业养老保险作为我国养老保障机制的重要组成部分，它有助于满足不同阶层的养老需求，更能够支撑社会化机构养老需求；要促进商业养老保险的快速增长，还需相应的税费优惠政策予以支持。目前，我国商业养老保险在税费政策上存在优惠比例不够、优惠地区有限、优惠结构不够的主要症结，并且有关政策的量化执行程度不清晰，相关法律（如《税法》）对养老保险优惠问题的界定不清晰。[3] 有关方面应该尽快制定企业年金的相关税费细则，对个人储蓄性养老保险进行税费优惠；对老年人通过住房进入社会化养老机构"以房养老"给予税费减免。不仅如此，社会化养老机构在开办、运营过程中，应该在税收与规费上给予减免优惠，以使社会化机构养老的收费合理，并使这类机构能通过提供优质服务保本微利。

2.2.4 职业人才的培育

社会化机构养老的一个要素是养老服务职业人才的支撑。综观国际国内养老产业结构升级的大势，养老产业与养老服务职业人才的依存共荣效应越发凸显。我国老龄化进程正处于加速期，而我国人口众多，就业压力又大，养老服务职业又是劳动密集型行业，大力培育养老服务职业人才是"一石二鸟"、利国利民的大好事：既可以为老龄化社会给力，又缓解了就业压力，还可以输出一部分养老服务职业人才到其他国家和地区。例如，日本包括养老在内的护理产业吸收的雇用人数在社会保障领域最多，对地域经济的影响也非常大。家庭护理员已达到40万人，假如包括在护理设施中工作的人员、护理从业人员突破100万。也就是说超过在汽车产业工作的职工人数。加大养老服务职业人才培育力度，实现养老产业与职业人才互促互动、和谐发展，无疑是发展社会化机构养老在内的养老产业的必然抉择。养老服务职业人才的培育和开发工作必须坚持科学人才观、发展观，树立为养老产业服务的新理念，借鉴美国、日本等国家的管理经验和技术标准，紧紧围绕我国家庭养老、社区养老、社会化机构养老及其他养老模式的服务需求，通过专业培养、职业培训、以师带徒等提升从业者现代养老服务的技能与知识素养，为社会化机构养老、家庭养老、社区养老以及其他养老提供源源不断的高素质从业人员。

社会化机构养老模式是医疗机构的参与、房地产开发企业的参与、税收杠杆的撬动、土地政策的支持、投入资金的催化、现代服务的配套、职业人才的培育等要素的高度集成与有机协同。

3 中国台湾地区以社区为依托的养老地产发展模式

从调研结果来看，老年人比较倾向于社区居家养老模式。因此，中国应该大力发展以社区为依托的养老地产，政府及养老地产开发商应该有针对性地制定相关支持政策和设计地产项目。根据中国台湾的经验，传统的养老机构慢慢会被淘汰，而由老人住宅（老年公寓）替代。预计中国台湾今后养老机构养老将不超过30%，而社区养老和居家养老将占到70%。中国台湾以社区为依托的养老地产发展模式对大陆地区具有积极的借鉴意义。

社区居家养老服务是指在政府的扶持与指导下，发动企事业单位、非营利组织和志愿者队伍等各方力量，依托社区为老年人提供家政服务、日常生活护理、医疗保健、文化娱乐、权益维护、精神文化服务等综合性的养老服务。在这种养老服务模式中，老年人可以在不脱离其熟悉的生活环境的情况下，享受由社区居家养老服务机构提供的养老服务，满足其各种身心需要。老年人能留在家中或者到自己熟悉的社区环境中接受社区居家养老服务机构提供的服务；另外，老年人又可以和亲朋友好、街坊邻里相处在一起，得到情感上的慰藉与满足。

社区居家养老服务模式可以缓解老年人的孤独、失落等心理症状。在老年人退出生产领域后，工作成就感的缺失与人际交往的减少往往会使老人产生"老而无用"的失落感。社区是一个具有共同习俗和价值观念的同质人口所组成的彼此关系密切、守望互助、富有人情味的社会共同体。同相对封闭的家庭比较而言，社区则更加开放，人际关系的层次和交往方式也更加丰富多样，具有感情交流、组织服务的功能。老年人可以依托社区平台，参与集体活动，维持人际交往，感受社会动态，以此调解自身心态，挖掘自身价值，促进身心的健康发展。

社区居家养老服务充分利用了家庭和社会资源，节约了建设经营成本。首先，从资金渠道来看，国家、社会组织、个人等分别通过财政投入、项目投资、公益捐款等方式给予社区居家养老服务不同程度的资金支持。其次，从设施建设方面看，除了投资兴建外，社区居家养老服务通过连接家庭与社区，将现有的场地、设备资源加以充分利用。最后，从服务队伍来看，社区居家养老服务集合了社区工作者、专业的护理人员、志愿者、低龄老人服务队伍等各方力量，使社区的人力资源得到了充分的开发和利用，同时也解决了部分人员的就业问题。可见，社区居家养老服务通过发挥其整合资源的优势，积极开发、整合、利用潜在的家庭和社会资源，在一定程度上降低了社区居家养老服务建设经营成本。

中国台湾地区养老社区有三种模式：持续照料退休社区模式、社区式长期照护服务模式和机构式长期照护服务模式，[4] 分别满足不同消费者的需求。

3.1 持续照料退休社区模式

持续照料退休社区为老人提供自理、介护、介助一体化的居住设施和服务，有完善的生活配套设施、专业化的生活照护、文化娱乐、医疗预防、康复护理等服务。使老年人在健康状况和自理能力变化时，依然可以在熟悉的环境中继续居住，并获得与身体状况相对应的照料服务。通常选择在距市中心 50~100 公里、一小时车程内、交通便利的城市周边地区。退休社区以围墙封闭自成一体，配备安全监控、保安巡查等多种方式提供安全保障。社区配有大面积绿地、景观、花园、种植园区。为入住者提供优美的居住养生环境，并且从个人居所到服务场所、公共空间全部为无障碍设计。

社区提供各种生活配套设施：餐厅、超市、洗衣、银行、邮局、美容美发及各种娱乐活动场所。在社区内入住者可以方便地解决一切生活需要。社区建设的社区医院拥有经验丰富的各专科医生，为入住者提供预防、医疗、护理和康复等多种专业、快捷、亲情的医疗服务。入住者在身体状况和自理能力发生变化时，可以获得与其健康状况相对应的居住空间与关怀照料服务。同时，社区为老人提供充分的活动学习空间及各种设施。由于社区规模大，入住人员多，老人可以结交兴趣爱好相同的朋友，根据不同爱好自愿组成各种学习、活动小组，如书画、音乐、棋牌、球类、手工制作、电脑、养生等。

养老地产，从建筑设计、园林规划到装饰标准，这类老年地产的建筑产品开发接近于高端住宅产品开发的规律，创新核心在于适老化设计。养老地产实现了品质地产和优良健管家服务的有机结合，从护理、医疗、康复、健康管理、文体活动、餐饮服务到日常起居呵护，增加设施设备和精心打造专业管理团队。养老地产主要的产品形态包括：保险资金推出的升级版的养老机构（如养老院），把养老地产视作商业地产项目长期经营；开发商推出的养老地产项目。

从某种意义上说，养老社区是一个颇具潜力的市场，但其整合或许仍然需要时间。事实上，这种创新型的地产产品，租售方式将比普通住宅更为复杂。从更长远的层面来看，对于大多数开发商来说，受限于资金压力，开发商采取"销售+持有运营"的方式运作更为现实。比如康乃馨，二期 10 万平方米疗养型精装公寓和养生型住宅已全面启动，在这一公寓中，有带租约销售的商务公寓，也可以直接采取租赁方式。

3.2 社区式长期照护服务模式

社区式的服务指的是老人家留在自己熟悉的生活环境中，接受不同专业的服务。这种养老地产不仅是销售房子，更重要的是开发商要与物业公司合作，提供高质量的服务。

（1）居家照护：指老人出院后，仍继续留在家中，接受所需的照顾，仍可与家人维持良好的互动，以下所介绍是由专业人员提供服务。

（2）居家照顾：由非专业人员所提供的服务，主要提供的服务偏重于日常生活所需。

（3）日间照护：是一种介于老人中心及护理之家的照护，顾名思义即白天提供照护，晚上老人家即回到家中，享受天伦之乐，就如同小孩上幼儿园一样，服务对象为日常生活能力尚可的老人。在日间照护机构中也有提供照护、复健、各项活动，可供老人选择。中国目前提供日间照护的机构较少，仅限于部分县市。

3.3 机构式长期照护服务模式

中国台湾长期照护的发展主要形态有居家型照护及机构型照护两种，老人在居家照护中可获得某种照护支持服务，让老人住在自己的家中享受快乐生活。老人居家照护环境规划应考虑无障碍空间设施、电子化与远距照护网络设备、可近性照顾与医疗，以及安全、舒适的环境设施设备，满足老人有尊严的生活；另入住型照护主要包括护理之家、集合式老人住宅、辅助式生活及独立生活住宅结合居住与照护的长期照护形态。[5]

4 中国台湾养老地产开发特点

4.1 开发主体：非营利组织被誉为中国台湾养老服务第一品牌

中国台湾最大的养老服务提供商是企业——恒安照护集团，而不是政府机构办的。根据恒安照护集团对大陆地区养老产业的研究指出，大陆地区养老产业缺少服务概念，仍在走卖房子的传统开发套路，因此，开发商主导的大陆地区养老产业实质还是在炒房子。在中国台湾，养老产业并不是卖房子，而是提供专业、细致的服务，硬件设备的建设和设计都是为了符合为老年人提供贴心服务的目标。

目前中国台湾民间机构参与公共建设的主流模式是BOT（建设—运营—转让）和OT（运营—转让）。政府在支持养老事业上非常舍得，如台北101大楼旁边的高价值地块，政府也会拿来发展养老产业。与此同时，中国台湾养老服务提供商大多为财团法人这类非营利组织，例如，接受来自各方捐赠的基金会，恒安照护集团就是这样一个不以盈利为目的的财团法人。不以盈利为目的并不意味着产品价格低廉、不赚钱，而是不给股东分红，将赚到的钱持续地投入到养老事业中。

4.2 地产产品设计：全覆盖的多系层级照顾服务体

恒安照护集团根据20年的运营经验，以老年人的健康情况为分隔标准，将照顾服务体系分为小区照顾、居家照顾、老人公寓、赡养机构、养护机构、长期照顾机构、护理之家、安宁疗护几类。其中，小区照顾、居家照顾、老人公寓的服务对象是健康老人，而赡养机构、养护机构、长期照顾机构、护理之家、安宁疗护的服务对象是亚健康老人和失能老人。

健康老人和非健康老人的区分很明确。因为一个健康的老人住进老人公寓后，不希望隔壁住的是非健康老人。但是，健康老人和非健康老人服务之间必须紧密互通。经验显示，在患病前半年积极治疗，身体可以恢复到原来的80%，可以从赡养机构回到老人公寓。

目前大陆地区最大的问题是开发商在做的养老产品都是针对健康老人的，而针对非健康老人的后半段服务层级无人做。这一方面源于观念，以大陆地区开发商为主的养老产业开发模式，使"赚快钱、赚大钱"仍是首要目标，而养老产业本身是一个更具公益性的低收益行业；另一方面在于大陆缺少专业的运营机构，难以为非健康老人提供专业、细致的服务。[5]

政府对养老服务提供多层级的优惠政策，合理制定各层级养老服务产品的政府和个人出资比例，促使养老服务向低收入老人和非健康老人市场拓展，避免在当前供不应求的情况下，市场化的养老服务过度集中在高端健康老人市场上。

4.3 服务质量：建立标准化作业流程，提供专业高效服务

目前大陆地产商开发养老项目的难点是如何能够持续经营，因为缺乏专业的运营机构。项目前期的选址、规划、定位、硬件设计都要有效支持运营团队提供服务，而专业照顾服务人员团队也需要时间去培养。目前，大陆地区企业在产品定位上非常模糊，尚未想清楚提供哪些服务内容、怎样找到服务团队、如何保证服务品质、整合何种医疗资源、配套由谁经营等问题。

在中国台湾地区，一个养老专业运营团队要由医生、药剂师、护士、护理员、社工、心理辅导师、复健师、营养师、厨师、工务人员、财务人员、行政人员、律师共同组成。同时，在团队软件建设上，注重作业规范、人力招募、品质监控和信息化平台建设。建立标准化、规范化的作业流程，有助于大幅提升服务质量和效率。例如：护理员的服务半径不能超过10步，从而快速响应老年人的需求，减少浪费在步行上的时间；不能一味地设置无障碍设施，要适度设置有障碍设施，防止轻度抑郁老人自杀、记忆力衰退老人走失等意外情况发生。

4.4 硬件设计是基础，团队运营是关键

从产品研发和设计来看，借鉴日本、美国等发达国家的经验，产品的技术细节设计很容易普及。这种核心设计技术只要在小范围的专业设计院和公司圈子里普及即可传播到大众市场，但最难的还是养老服务团队的建立。

养老社区里完整的服务链条包括医疗、康复、护理、文化、餐饮、社工、物业、基础设施等多个门类，文化、餐饮、社工、物业、基础设施等相关领域的服务可以从社会上现有的大量现成资源里获得，但医疗、康复、护理三个门类的服务资源存在着高壁垒，需要由战略性的手法获得。

在环境设施的设计、生活和健康照顾的服务、专业社工的工作和休闲活动的安排等方面都比较注重人的五个不同层次的需求，且功能设计齐全。

4.5 运营模式多样化

养老地产的运营模式主要指当养老地产建成后，如何进行产品销售、整体管理、日常经营、考核运转等。根据是否参与建设与运营环节，运营模式分为三种类型：只建设不运营模式、不建设只运营模式及既建设又运营模式。养老地产开发中开发商、投资商与运营商可以分离，也可以同时身兼多重身份。不同身份分别获取开发利润、租金收入、经营管理收益和资产升值收益，承担投资风险、经营风险、市场风险。开发商通过快速销售地产商品给投资商或运营商，迅速收回开发成本，收益不高但资金回笼快。投资机构通过资产买卖获得高收益，同时也承担相应财务风险。运营商通过少量资产以杠杆方式扩大经营，获得较高现金回报并承担着市场与经营风险。

房产入住方式选择。入住养老地产涉及两个重要权利：房屋使用权及产权。按照养老地产产权的不同归属，老年客户入住方式分为销售型、出租型及对接型。

5 两岸养老地产合作模式

中国台湾地区先于中国大陆进入人口老龄化社会，在应对人口老龄化，特别是养老、安老、助老方面积累了丰富的经验，中国台湾地区也有很多管理、经营比较完善的养老机构，拥有一整套知识管理系统，包括建筑设计、标准作业流程、人员培训、产品研发等。中国台湾地区社区养老服务与运营的"软实力"值得大陆地区借鉴。

养老地产的开发流程跟普通地产的开发流程有所不同。设计任务书对养老服务体系的分析规划，要根据小区的规模确定居家、社区、机构的配比，预先设计养老服务的框架方案，养护院、日间照料中心、适老住宅这样的类型需要配备服务团队。

两岸开展养老地产项目合作，可以从机构护理服务与运营开始，因为这方面在中国台湾地区已运作相当成熟，而且品质管理非常好。大陆地区目前还没有《老年福利法》等相关法规，对于想投资的台商来说，经营所涉及的政策风险较大。相比之下，与大陆从业者，特别是与房产商或物业公司合作是较好的选择。2011年，大陆地区的卓达集团与台湾群业就中国养老示范社区项目达成战略合作，携手建设天津武清区养老示范基地。台湾群业为基地提供了一个可持续养老的设计服务平台。可持续的养老，即从一个老人退休之后的健康状态到完全需要人照料，都可以在一个社区里完成，把社区养老、居家养老和设施养老完整地结合在一起。台湾群业将结合多方合作资源，如国际护理培训机构、中国台湾地区与美国医疗体系、国际长照与日照机构，欧洲康复医疗体系、中国台湾地区、美国与西欧老龄建筑设计团队，日本老龄产品系统开发等战略伙伴，全力协助卓达集团将该养老示范社区建成中国第一品牌。

2013年，大陆上市公司世联地产与台湾地区最大的养老集团——恒安照护集团展开战略合作，双方将加强在养老服务领域的合作，探索并实践符合中国大陆市场特点的创新型养老地产运作模式。采取"大陆地区的房子，台湾地区的服务与运营"模式，即养老产业"投资商+开发商+市场服务商+运营商"成熟市场开发全链条模式。这种合作模式可以成为台资进军大陆养老地产业的示范。中国台湾地区的恒安照护集团是中国台湾地区养老产业第一品牌，世联与恒安在各自业务领域内具有品牌、渠道与技术优势，双方共同构建企业发展、行业信息、人员培训、技术交流、项目开发中策划、规划、运营阶段的全方位战略合作关系。[5] 两岸合作开发养老地产项目，通过专业互长，借鉴中国台湾地区成熟模式，共同实现中国大陆养老事业真正的落地和转型。

〔参考文献〕

[1] 韩芳，朱启臻. 农村养老与土地支持——关于农村土地养老保障功能弱化的调查与思考［J］. 探索，2008（5）：128-132.

[2] 李海超，钟慧澜. 我国保险资金投资养老产业探析［J］. 合作经济与科技，2012（11）.

[3] 任睿娥，张亚明. 商业性养老保险税收政策的现状与趋势［J］. 西部财会，2007（10）.

[4] 中国台湾地区养老地产模式借鉴和学习之处［EB/OL］. 优老网，http：//www.jinglao.net/shehui/9523.html.

[5] 蔡银. 中国养老产业面面观：一个台湾资深养老产业从业者眼中的大陆养老状况［EB/OL］. 新浪网，http：//blog.sina.com.cn/s/blog_7510f15b0100vcav.html.

On the Development Mode of Cooperation on Cross-Straits' the Pension Real Estate

Qiong Cao   Jincai Xiong

(Shantou University Business School, Shantou University Law School, Shantou, Guangdong, 515063)

Abstract: Based on the current situation of China's current social pension pressures of economic and social development of our country is facing, in previous studies on the basis of the pension industry, analysis of Taiwan pension real estate development stage, status and experience, research real estate development stage of China's pension, endowment summary real estate development model and product model, the developers of the pension system dynamics analysis carried out.

Key Words: Real Estate Industry for Endowment; Taiwan Experience; Provide for Aged Pattern

JEL Classification: R20

海峡两岸制度性经济合作检视：
成效、挑战与路径创新

吴凤娇

（闽南师范大学，福建漳州，363000）

[摘　要] 2008 年以来，海峡两岸在贸易、投资与金融等领域的制度性合作上取得显著成果，有力地推动了两岸经济融合发展。但未来两岸制度性经济合作进程依然面临 ECFA 协议的成效不彰、互信不足、产业竞争趋势加剧及亚太经济新秩序调整等因素的掣肘。因此，今后两岸应建构中华民族整体利益观的合作新理念，并通过"区对区"试点对接、中国台湾地区参与"一带一路"共建、加强产业合作的协商与规划、建立健全贸易投资等合作机制等新路径，协力共创两岸制度性经济合作新格局。

[关键词] 海峡两岸；制度性经济合作；路径创新

[JEL 分类] O17

引　言

经济合作是海峡两岸和平发展不可或缺的物质基础。自 2008 年 5 月以来，海峡两岸在"九二共识"的基础上签订了包括 ECFA 在内的 23 项协议，并达成了 2 项共识，由此开启了两岸制度性经济合作的新篇章。但同时，两岸制度性经济合作依然面临已签署协议的实施成效不彰、互信不足及亚太经济新秩序调整等多重挑战，两岸制度性经济合作的前景面临一定的不确定性。因此，如何消解两岸制度性经济合作的不利因素，持续推进两岸经济融合发展是当前两岸和平发展进程中的一个重大课题。

1　两岸制度性经济合作协议的成效评估

自 2008 年 5 月，两岸关系在坚持"九二共识"的基础上出现历史性转折，进入和平发展新阶段。两岸经济合作正常化、制度化方面的进展迅速，成果显著。截至 2015 年 9 月，海峡会与海基会（简称"两会"）已举行了 11 次高层会谈，先后签订了 23 项协议，并达成 2 项共识，内容涵盖经贸、金融、产业合作、旅游、交通、卫生和司法互助等方面，其中深化两岸经济合作议题占据重要位置。这些协议的实施已取得明显的经济和社会效应，有助于逐步消除两岸间存在多年的货物、服务和要素流动壁垒，推动两岸经济、社会、文化交流与合作的全面、纵深开展。具体内容如表 1 所示。

[基金项目] 国家社科基金项目（15BJL102），福建省统战部课题（TB15037s）。

[作者简介] 吴凤娇，女，1975 年出生，闽南师范大学台商研究中心副主任，副教授，经济学博士。

表 1　2008 年以来"两会"签署经济议题协议的执行进展

会谈时间	会谈地点	签署协议	协议执行情况
2008 年 6 月	首次会谈 北京	1.《海峡两岸关于大陆居民赴台旅游协议》 2.《海峡两岸周末包机会谈纪要》	截至 2014 年底，大陆居民赴台旅游总人数累计达 1047.98 万人次，大陆成为台湾入境游客的最大客源地
2008 年 11 月	第二次会谈 台北	3.《海峡两岸空运协议》 4.《海峡两岸海运协议》 5.《海峡两岸邮政协议》 6.《海峡两岸食品安全协议》	空运直航方面：两岸空定期客运航班总班次为每周 890 班（每方每周 445 班）；定期货运航班总班次为每周 84 班（每方每周 42 班） 航运直航方面：两岸直航港口达 85 个。截至 2014 年底，累计完成货运量 3.6 亿吨，集装箱运量 1100 万标准箱，客运量 942 万人次 两岸通邮函件、包裹、快递、汇兑业务稳步发展。 食品安全方面：两岸建立信息通报、协调处理等机制，妥善解决塑化剂、毒淀粉等各类食品安全的突发事件
2009 年 4 月	第三次会谈 南京	7.《海峡两岸金融合作协议》 8.《海峡两岸空运补充协议》 9.《海峡两岸共同打击犯罪及司法互助协议》 *《海协会与海基会就陆资赴台投资达成共识》	金融合作方面：两岸金融监管机构签署两岸银行业、证券及期货业、保险业监管合作备忘录，两岸货币管理机构签署了两岸货币清算合作备忘录。到 2015 年 1 月，台湾地区 13 家银行已在大陆地区设立 18 家分行，大陆地区银行在台湾设立 3 家分行和 1 家办事处。同时截至 2015 年 2 月，台湾岛内人民币存款已达 3187.65 亿元 陆资入台方面：截至 2015 年 4 月，台湾地区累计核准陆资赴台投资件数为 667 件，核准投资金额共 12.25 亿美元
2009 年 12 月	第四次会谈 台中	10.《海峡两岸农产品检疫检验合作协议》 11.《海峡两岸渔船船员劳务合作协议》 12.《海峡两岸标准计量检验认证合作协议》 *《海协会与海基会就两岸共同防御自然灾害达成共识》	农产品检疫检验合作：大陆方面采取多项快速通关便捷措施，完成台湾地区稻米、鲜梨、畜禽产品准入，以及山东省樱桃与梨接穗顺利输台等具体成果。2014 年两岸农产品贸易总额达 19.6 亿美元 渔船船员劳务合作方面：解决了大陆船员跨海峡安全接驳问题 标准计量检验认证合作方面：两岸成立标准等 5 个工作组，并设立了智能电网标准专业组和机械制造专业组。两岸首个共通标准《垂直轴风力发电机组》已得到双方确认，纺织领域 15 项对应标准也被确认为两岸共通标准
2010 年 6 月	第五次会谈 重庆	13.《海峡两岸经济合作框架协议》 14.《海峡两岸知识产权保护合作协议》	货物贸易早期收获方面：截至 2014 年底，自台湾地区进口 ECFA 早期收获产品累计减免关税约 22 亿美元，自大陆进口 ECFA 早期收获产品累计减免关税约 2.2 亿美元 服务贸易早期收获方面：截至 2014 年底，据大陆方面统计，ECFA 服务贸易早期收获非金融领域共有 287 家台湾企业受惠，投资金额 11 亿美元；台资金融机构共 45 家受惠。据台湾方面统计，台方核准陆资赴台投资中，非金融企业共 134 件，投资或增资金额约 1.8 亿美元；金融机构共 3 家，投资金额约 2 亿美元 2011 年 1 月，两岸经济合作委员会正式成立，到 2015 年 1 月已举行 7 次例会 经贸团体互设办事机构方面：大陆机电产品进出口商会已在台北设立了办事处、海峡两岸经贸交流协会在台设立办事处也于 2015 年 1 月 23 日获得核准；台湾贸易中心也在上海、北京等六个城市设立了六家代表处、台湾电机电子同业公会也在苏州（昆山）设立了代表处

会谈时间	会谈地点	签署协议	协议执行情况
			知识产权保护合作方面：自 2010 年 6 月至 2014 年 10 月，中国大陆受理台湾地区优先权主张的专利申请则超过 1.8 万件，台湾地区受理的中国大陆优先权主张的专利申请已超过 1.1 万件
2010 年 12 月	第六次会谈台北	15.《海峡两岸医药卫生合作协议》	两岸已成立传染病防治、医药品安全管理与研发、中医药研究与交流及中药材安全管理、紧急救治及检验检疫等五个工作组，相互通报疫情信息
2011 年 10 月	第七次会谈天津	16.《海峡两岸核电安全合作协议》 *《关于推进两岸投保协议协商的共同意见》 *《关于加强两岸产业合作的共同意见》	核电合作方面：工作组定期开会，双方定期开展核电厂事故紧急通报通信测试 两岸产业合作方面：两岸产业合作小组已设立了 LED 照明等七个产业分组，促进两岸产业合作在试点开展、机制交流、联合创新、共拓市场以及产业链联动等方面向前发展。自 2011 年起，已连续举办了五届两岸产业合作论坛
2012 年 8 月	第八次会谈台北	17.《海峡两岸海关合作协议》 18.《海峡两岸投资保护和促进协议》	海关合作方面：两岸已成立了五个专家组，及时解决货物通关中遇到的问题。2014 年 4 月，两岸海关电子信息交换系统上线运作，通过电子连线系统传输经出口方海关核实的原产地证明书电子资料 投资保护和促进方面：两岸建立投资争端协处机制和投资咨询机制，交换"两岸投资争端解决机构"及"代位机构"名单。中国大陆发布实施《台湾投资者经第三地转投资认定暂行办法》。截至 2014 年底，中国大陆帮助台湾地区协处案件 124 件，台湾地区帮助中国大陆协处案件 6 件
2013 年 6 月	第九次会谈上海	19.《海峡两岸服务贸易协议》	待台湾地区立法主管部门通过后再实施
2014 年 2 月	第十次会谈台北	20.《海峡两岸气象合作协议》 21.《海峡两岸地震监测合作协议》	加强两岸在气象和地震方面的监测交流和合作，提升两岸防灾减灾能力
2015 年 8 月	第十一次会谈福州	22.《海峡两岸避免双重课税及加强税务合作协议》 23.《海峡两岸民航飞行安全与适航合作协议》	

注：* 为两岸达成的共识或意见，非正式协议。
资料来源：作者根据海协会发布的"两岸两会协议执行成果"、"两岸经济合作委员会历次例会内容"整理汇总。

2 当前两岸制度性经济合作面临的挑战

尽管两岸制度性经济合作已经取得有目共睹的成就，但是由于受全球经济复苏乏力、中国大陆实施经济结构调整和产业转型升级等因素的影响，ECFA 等协议的成效并未得到充分的发挥。同时，台湾地区对两岸经济合作仍心存顾虑，对两岸经济融合发展缺乏信任和认同，导致已签署的协议"签而不施"，也增添两岸制度性经济合作向前发展的阻力。亚太经济新秩序的调整、两岸产业同质性竞争加剧更为两岸制度性经济合作带来新的挑战，两岸制度性经济合作的前景存在一定的不确定性。

2.1 ECFA 等协议的促进成效不彰

首先，ECFA 协议的促进效应不明显。依据 ECFA 早期收获计划，自 2011 年 1 月开始，806 种商品将在两年内分三阶段降至零关税。关税的减让预期将产生明显的贸易创造，为两岸双边贸易发展增添新的动能。据中国台湾地区财政主管部门统计，2011~2014 年，台湾地区对大陆地区早收项目出口成长率达 32%，远高于对大陆出口的平均成长率 6%；在台湾地区自大陆地区进口方面，早收项目成长率为 26%，自大陆地区整体进口成长率则为 19%。早收项目的进出口贸易增长率皆高于两岸整体进出口贸易增长率，表明 ECFA 下的关税优惠一定程度上确实有助于两岸双边贸易的发展。但若就台湾对外贸易与两岸贸易比较来看，2011~2014 年，台湾地区对外贸易总额年度增长率分别为 12.14%、−3.06%、0.65%、2.15%；两岸贸易总额年度增长率分别为 13%、−4.65%、2.27%、4.65%，[1] 两岸贸易增长并未明显快于台湾地区对外贸易总增长。尤其是在台湾地区出口方面，台湾地区对大陆地区出口年度增长率甚至低于台湾地区对外出口年度增长率（见表 2）。以上数据表明，ECFA 并未对两岸贸易发展产生显著的贡献，这与当初的预期存在落差。这一结果固然受到全球经济不景气及大陆经济转型等因素的客观影响，但其主要症结则在于早收收获项目过少、ECFA 实施机制松散与执行机构权威不足。[2]

表 2　2011~2014 年中国台湾对外贸易、两岸贸易规模比较

单位：亿美元、%

年份	中国台湾对外贸易						两岸贸易					
	贸易总值		台湾对外出口		台湾对外进口		贸易总值		台湾对大陆出口		台湾对大陆进口	
	金额	增长率	金额	增长率	金额	增长率	金额	增长率	金额	增长率	金额	增长率
2011	5896.87	12.14	3082.53	12.26	2814.34	12.02	1275.57	13.00	839.60	9.13	435.97	21.28
2012	5716.46	−3.06	3011.77	−2.30	2704.69	−3.90	1216.23	−4.65	807.14	−3.87	409.08	−6.17
2013	5753.30	0.65	3054.37	1.41	2698.93	−0.21	1243.77	2.27	817.88	1.33	425.89	4.11
2014	5877.14	2.15	3136.92	2.70	2740.22	1.53	1301.60	4.65	821.20	0.41	480.40	12.80

资料来源：中国台湾财政主管部门统计资料库查询系统，http://portal.sw.nat.gov.tw。

其次，陆资赴台投资规模的增长低于预期。2009 年 4 月，"两会"达成陆资赴台投资的共识，约定按步骤、循序渐进地开放陆资赴台投资。同年 6 月，中国台湾地区首次对大陆地区资本开放产业项目 100 项，陆资入台正式启动，两岸双向投资新格局形成。但据中国台湾地区投审部门统计，截至 2015 年 5 月，陆资赴台投资件数累计仅为 754 件，核准投资金额共 13.33 亿美元。同期中国台湾地区对大陆地区投资项目数累计达 41386 件，核准投资金额已达 1474.36 亿美元。仅 2014 年，中国台湾地区对大陆地区核准投资金额就达 98.29 亿美元。[3] 虽然两岸相互投资规模因历时不同而不具可比性，但陆资入台进展缓慢，规模甚小确是不争的事实（见表 3）。究其原因，一方面，中国台湾岛内政治生态复杂，陆资赴台投资前景不明、信心不足，投资意愿不高；另一方面，中国台湾当局对陆资赴台设置多重束缚。无论在开放投资项目，还是在投资方式和投资额度上都严格设限，而相关配套措施不力更造成员工招聘及人员往来居留等诸多问题无法得到实质解决。[4]

2.2 台湾岛内政党纷争延宕两岸制度性经济合作进程

2008 年以来，两岸经济合作日益密切，但中国台湾内部政党斗争仍对两岸经贸关系的稳定发展构成一定威胁。民进党一直以来都采取"凡国民党赞成的就反对"的政策立场，无视两岸经济合作对中国台湾经济的提升效应，对两岸经贸议题一再杯葛，反对两岸经济合作深化发展。更有

表 3 2009~2015 年陆资赴台投资状况

单位：千美元、%

年 份	陆资赴台投资件数（件）	陆资赴台投资金额	陆资赴台投资金额的增长率
2009	23	37486	—
2010	79	94345	151.68
2011	105	51625	−45.28
2012	138	331583	542.29
2013	138	349479	5.40
2014	136	334631	−4.25
2015 年 1~10 月	135	134268	−67.56
合 计	754	1333417	—

资料来源：中国台湾投审部门. 2015 年 4 月台湾投资速报 [EB/OL]. http://www.moeaic.gov.tw.

甚者，在民进党及其他"台独"政治团体的支持、鼓动和引导下，部分岛内民众误认两岸经贸往来只使财团获利，甚至将中国台湾经济发展乏力也归咎于两岸关系发展。"逢中必反"成为民进党和部分民众看待和处理两岸事务的惯性思维，这不仅导致服贸协议至今尚未完成立法程序，效用无法发挥；也在一定程度上阻碍了 ECFA 的后续协商，货物贸易协议历经多轮商谈但进展缓慢就是明显例证。

同时，值得注意的是，2008 年以来两岸经济合作的融洽氛围被打破，凸显了两岸在经济合作理念、政策取向及利益分配等方面的相互认同和互信不足。这一状态若无法改善，两岸经济合作将始终停留于"踟蹰不前"的状态。

2.3 "双向不对等、开放不对称"格局阻碍海峡两岸制度性经济合作良性发展

长期以来，中国大陆出于"两岸一家亲"的理念，在经济合作中给予中国台湾地区诸多优惠经贸待遇，并对两岸经贸现状中的不对等、不平衡长期容忍。如早期收获计划中，大陆地区给予台湾地区的优惠商品种类及力度都远大于中国台湾地区给予大陆地区的；服贸协议中，大陆地区向台湾地区开放的服务行业类别及给予政策已远超世界贸易组织标准。迄今为止，台湾地区尚未给予大陆地区世界贸易组织成员待遇，对大陆地区商品的进口开放率仅为 80.76%，也未兑现开放服务行业 113 项的"入世"承诺。虽然，两岸经济合作因两岸经济规模的不对等性，不太可能出现完全的对等性格局，但"双向不对等、开放不对称"格局若固化下去，将给两岸制度性经济合作造成更多难以预测的复杂变数，不利于两岸制度性经济合作长期、稳定发展。首先，中国台湾地区保护性合作思维加大了合作的协商成本和执行风险，干扰两岸经贸活动正常化、自由化与制度化进展。其次，受外部经济环境等因素的影响，近年来两岸贸易投资额增幅趋缓，甚至一度出现倒退。ECFA 等政策也因自由化比重偏小未能充分发挥其促进作用，这动摇了中国台湾部分民众对促进两岸经济合作的信心。更有甚者，大陆让利政策往往在岛内被污名化，被贴上"统战"、"矮化"的标签，造成部分民众对中国大陆存在偏见和芥蒂，对两岸经济合作心存顾虑。

2.4 两岸产业同质性竞争趋势加剧，制约两岸产业深度合作

2011 年 10 月"两会"签署了《关于加强两岸产业合作的共同意见》，提出"要发挥双方产业互补优势，扩大产业合作范围，深化产业合作层次，促进两岸产业转型升级"。但目前两岸产业合作总体上仍处于窄领域、低层次。尤其是近年大陆积极实施经济结构和产业转型升级政策，大力扶持太阳能面板、LED 及半导体等新兴产业，更加剧了两岸产业的竞争化趋势。以 LED 产业为例，2014 年大陆地区 LED 总产值规模已经达到 3445 亿元，同比增长 31%，2015 年预计将达到

5000 亿元，其中 LED 芯片产值达到 120 亿元，占全球产值的 36%，成为全球最大 LED 芯片生产基地。[5] 2014 年大陆地区出台了《国家集成电路产业发展推进纲要》，提出了 2015 年集成电路产业销售收入超过 3500 亿元，2020 年基本建成技术先进、安全可靠的集成电路产业体系的发展目标。此举引起了台湾地区半导体业者的忧虑。可以预见，随着两岸产业的同质性不断增强，两岸产业由以前的垂直分工合作转向水平竞争替代的迹象显现，两岸产业合作亟待进一步深化和整合。

2.5 大国主导下亚太经济新秩序调整对海峡两岸制度性经济合作可能形成一定冲击

目前 TPP 和 RCEP 已然成为亚太地区多轨一体化进程的中心。长期以来台湾地区在东亚区域一体化进程中被边缘化，通过加入 TPP 与 RCEP 重新融入亚太区域一体化已成为台湾地区的重要经济战略目标。虽然，从经济层面讲，RCEP 对台湾地区经济发展和区域经济整合更重要。但从台湾地区的布局和策略推进看，显然将加入 TPP 列为最优先目标。众所周知，TPP 是美国"重返亚太"的重要政策载体，是美国遏制中国崛起的亚太新战略。长期以来美国等外部势力高度关注两岸关系发展，美国乐见台海局势稳定，但却无法接受两岸经济日益融合，两岸关系发展过快、过近。因而，两岸制度性经济合作依旧遇到了来自域外势力的干预。在 TPP 介入之前，ECFA 是中国台湾地区参与东亚制度性一体化进程唯一的现实选择，台湾地区唯有通过两岸制度性一体化才能进入东亚一体化进程。现在台湾地区则提出欲通过加入 TPP 来实现这一目标，从这一角度看，未来 TPP 对两岸制度性一体化产生的冲击不可低估。

3 未来海峡两岸进一步推进制度性经济合作的路径创新

总体来看，两岸制度性经济合作所面临的挑战，既有全球经济放缓、中国大陆经济转轨等经济根源，又有中国台湾地区保护性思维、两岸互信不足等政治诱因。为此，两岸应立足国际经济新格局和中国大陆经济新动向，将两岸经济合作有机融入中国大陆新一轮的经济发展进程中，通过合作理念、合作模式及合作机制等多方面创新，形成各方合力，共同开创海峡两岸制度性经济合作的新局面。

3.1 以中华民族整体利益观型塑两岸经济合作新理念

以往两岸经济合作主要受中国大陆持续让利的优惠政策大力推动。事实上，从两岸经济合作长远利益考虑，中国大陆单方面优惠经贸待遇必将难以持续，两岸只有相互开放，才能充分整合两岸资源禀赋的互补性优势，才能保证两岸经济福利不断增加。因此，在"做中国台湾人民工作"、"寄希望于台湾地区人民"的对台工作方针下，应采取有效措施，进一步提升台湾地区民众的民族认同感，以中华民族整体利益观引导两岸在形成"利益共同体"的基础上逐渐向"命运共同体"迈进，并以其作为两岸经济合作的理念指导。在培植中华民族共同利益、构筑两岸经济共同体的目标下，两岸应秉持相互开放、合作共赢、平等互利的原则，以世界贸易组织规则等国际经济惯例规范两岸经贸关系发展，持续推进两岸经济合作的深化发展。[6]

3.2 积极推动"区对区"试点对接，共同参与区域经济合作

当前，中国大陆经济国际化、区域化布局明显加速。对外，中国大陆所提出的"一带一路"及亚投行的建设已经得到了越来越多国家和地区的响应，中韩、中澳自由贸易协议已签署，RCEP、FTAPP 等区域性经济谈判也正在加紧推动；对内，中国大陆先后设立上海、天津、福建与广东四个自由贸易试验区，积极探索对外开放新路径。可以预期，中国大陆在国际经济体系中的

分量将日益重要，这将为两岸共同参与区域合作、实现经济共同发展提供新的契机。在具体路径上，一是积极推动中国大陆自由贸易试验区和中国台湾自由经济示范区的试点对接，在区内相互开放，推行更加自由、更加便利的包括贸易、投资、金融活动及产业合作、人员往来等在内的两岸经贸政策措施，以此探索两岸经济自由化程度加深所带来的利润空间；二是积极推动中国台湾参与"一带一路"共建。2015年3月，中国大陆正式发布"一带一路"战略愿景与行动文件，明确提出政策沟通、设施联通、贸易畅通、资金融通、民心相通五大合作重点，并表示将为中国台湾参与"一带一路"建设做出妥善安排。台湾地区如能抓住这一重要机遇，与大陆地区共建"一带一路"，一方面可以将自身的技术优势、市场开拓能力与大陆地区的政治、资金优势相结合，共同开拓"一带一路"沿线市场，推动两岸共同融入区域经济；另一方面也可进一步密切与东南亚等"一带一路"沿线国家的经济联系，为中国台湾地区更快、更好地融入亚太区域经济合作奠定基础。

3.3 加强两岸产业合作的协商与规划，完善两岸产业合作机制

区域间的产业合作主要依赖市场对资源的配置能力以及由市场主导的经济合作，但是制度发挥的主导型激励作用也至关重要。[7] 当前两岸产业合作的最大瓶颈并不在于产业合作领域的扩大和产业合作层次的提升，而在于产业合作机制的构建滞后。如果两岸产业合作的制度性约束能够被打破，两地产业分工合作完全可以通过市场机制解决。因此，面对两岸产业竞争化迹象，两岸应充分依托产业合作工作小组、产业搭桥专案、两岸产业合作论坛等平台进一步加强宏观政策、产业政策的沟通与协调，避免重复建设和恶性竞争，逐步建立和完善产业规划对接机制、产业政策协调机制、两岸产业共同治理机制、产业资源共享机制。

3.4 累进互信、增进认同，持续推动两岸经济合作制度化建设

ECFA开启了两岸经济合作制度的进程，但正如前文所述，与中国大陆签署的其他FTA相比，ECFA效应还未充分显现。在中国台湾内部政治生态下，两岸经济合作机制的稳定性仍面临受冲击的不确定性，已经签署的协议能否实施？如何实施？仍存在很大变数。面对上述情形，中国大陆应坚持以"总体合作互利、局部领域让利"为原则，在交流中累计互信，不断释放善意，为完善两岸经济合作机制奠定更坚实的基础。为此，两岸地区应争取早日在货物贸易和争端解决领域达成共识，建立健全两岸贸易合作机制、两岸投资合作机制、两岸产业合作机制及两岸经贸争端解决机制，继续扩展两岸经济合作的深度和广度，为两岸经济合作深入、稳定发展提供制度化保障。

3.5 关注台湾地区基层民众，切实扩大两岸经济合作领域

多年来，为助力台湾地区经济和惠及台湾地区民众，中国大陆出台了一系列惠台政策措施，如大陆各省市赴台采购、大陆居民对台旅游、零关税进口台湾农产品、对大陆台资企业的优惠金融支持、ECFA早期收获计划等。但近期以来，"两岸经济合作只图利财团"的言论在岛内甚嚣尘上。这种与事实严重不符的言论之所以出现，主因在于政治利益考量下的恶意炒作及诬陷，但也从侧面反映两岸经济合作直接受益面仍有待进一步扩大。为此，一方面，两岸地区尤其是台湾地区要排除政治干扰，坚定不移地持续扩大经济合作领域，提升经济合作层次，让经济合作成果惠及两岸更多民众，如促成服贸协议早日生效，以使岛内众多中小服务业者受益；解除陆资入台投资的"镣铐"，以给岛内创造更多的就业机会等。另一方面，大陆惠台措施，在实施方面应侧重考虑如何开展对台湾中南部地区的经贸与产业合作、如何使惠台政策更多惠及中小企业和中下阶层民众；在实施路径上应尽量规避中间环节，落到实处，如扩大对台湾地区农渔产品直接采购，增

加契作采购的农渔产品种类；在实施手段上应采取"经贸让利＋社会文化交流"双管齐下，在让利于台湾民众的同时，加大社会交流与文化舆论宣传，有效传达大陆惠台政策的诚意和善意，让"两岸一家亲"理念深植台湾民心。

〔参考文献〕

［1］中国台湾财政主管部门. 统计资料库查询系统［EB/OL］. http：//portal.sw.nat.gov.tw.

［2］刘澈元，谈琳. ECFA 条件下两岸贸易合作的走向与促进机制［J］. 广西师范大学学报（哲学社会科学版），2013（2）.

［3］中国台湾投审部门. 2015 年 4 月台湾投资速报［EB/OL］. http：//www.moeaic.gov.tw.

［4］唐永红，邓利娟. 对两岸经济关系深化发展问题的探讨［J］. 台湾研究，2013（3）.

［5］2014 年中国 LED 行业总产值规模同比增长量 31%［EB/OL］. http：//www. Chinabgao .com/ info/79432.html.

［6］吴凤娇. "政经互动"思维下海峡两岸经贸关系深化发展的策略研究［J］. 现代台湾研究，2014（6）.

［7］李应博. 长三角区域协调发展机制研究［J］. 华东经济管理，2009（8）.

Review of Institutional Economic Cooperation between Mainland and Taiwan: Effect, Challenges and Path Innovation

Fengjiao Wu

(Minnan Normal University, Zhangzhou, Fujian, 363000)

Abstract: Mainland and Taiwan have achieved remarkable results in the institutional cooperation of trade, investment and finance, so effectively promoted both economic combination development since 2008. But Mainland and Taiwan have still faced with the constrains of ineffectiveness of ECFA, lackness of mutual trust and industry fiercer competition during the course of institutional economic cooperation. Therefore, Mainland and Taiwan should construct the new concept of Chinese nation's overall interests, and make concerted effort to create new pattern of institutional economic cooperation through "district to district" pilot docking, Taiwan participation of "The belt and road" building, strengthening consultation of industrial cooperation and establishment mechanism of trade and investment cooperation.

Key Words: Mainland and Taiwan; Institutional Economic Cooperation; Path Innovation

JEL Classification: O17

台商研究

第 2 辑

粤台商业评论
GuangdongTaiwan Business Review

Vol. 2

广东台资企业的困境与政策空间

陈 茜

（广东省社会科学院，广东广州，510610）

[摘 要] 近年来，国内外环境变化对广东台企构成了严峻的挑战，外需萎缩、经营成本上升。产业转移加速，就地转型升级存在顾虑。融资条件、优惠政策、政府服务等外部环境得以改善，资源瓶颈、土地纠纷、政策约束等全局性的因素难以破解。广东对台政策受到国际、国内、岛内、市场四个层次的制约。目前有三个方面能够推行的政策空间，包括扩展营销渠道、建设信用体系、培育多层次资本市场，力图从更为公平、理性的视角看待当前广东台企的问题。

[关键词] 外需；生产成本；产业转移；转型升级；政策空间

[JEL 分类] F21

历经劳动密集型、资本密集型和技术密集型三次产业转移热潮，中国台湾地区已是广东第二大外来投资地，广东也是台湾地区在中国大陆最大的出口市场。截至 2014 年底，广东省台资企业（以下简称"广东台企"）累计 26140 家，合同利用台资累计 682.75 亿美元，实际利用台资累计 590.51 亿美元。[1] 然而，近年来，广东台企却面临重重困境。本文力图通过多层面、多维度的阐述和剖析，展示广东台企的生存状态和问题机理，以及探讨新常态下的出路与对策。

1 广东台资企业的困境：劣势与挑战

2008 年爆发的金融危机是一个转折点，广东台企与许多大陆台企一样，都遇到了前所未有的经营困难。究其原因，既有全国范围内的普遍性，又有其自身特性。台企的转型升级是"外力"和"内力"共同作用的结果，是通过持续创新和"革命"的方式实现的。

1.1 海外订单萎缩，生产成本攀升

相对而言，广东台企的外向型特征更为明显，海外风险敞口更大。以外销为主的广东台企的数量约占相应总数的 66%，而福建、天津分别仅有 46% 与 42%。[2] 台北市经营管理研究院发表《2009 台商在大陆投资变化》，其中提到 2009 年 87% 的广东台企利润减少。相比较而言，中国大陆整体、福建与天津的台企该比率分别为 80%、77% 与 56%。[3] 近年来，部分企业已经从利润减少变为连连亏损。清华大学台资企业研究中心调查预测，未来五年内将有半数广东台企可能倒闭。[4] 台企投资相对密集的东莞，正出现台资企业数量显著下降的现象，由 2008 年的 5000 余家降至 2012 年的 3616 家，这个数量在近两年还在不断下降。[5] 由于外需的萎缩，东莞这座"外向

[项目基金] 本文受广东省人文社会科学重点研究基地——汕头大学粤台企业合作研究院开放基金项目资助，并为广东省哲学社会科学"十二五"规划 2013 年度项目《台湾银行业对外投资与粤台合作研究》（编号 GD13YTQ01）的阶段性研究成果。

[作者简介] 陈茜，女，1986 年出生，汉族，助理研究员，经济学博士，研究方向为区域经济学与台湾，2012 年毕业于厦门大学台湾研究院，Chenxi_gdssky@163.com。

型"城市近年来 GDP 增速却不尽如人意。在中国城市经济实力排行中，2006 年东莞 GDP 排名第 15 位，但 2014 年却已退居全国第 22 位。纵向上看，2006 年至今，广东省实际利用台资呈持续下降趋势，2013 年仅有 12324 万美元，相比 2006 年的 38941 万美元，下降了近 70%。有学者调研 2014 年深圳台资企业的经营状况，发现在既有样本中，发展势头较好的台资企业仅占 6%；经营正常平稳的企业占 48%；小幅亏损企业占 35%；大幅亏损企业占 11%。[6]与其他因素相比，订单萎缩是本次困境的最大症结。在此之前，尽管台企存在诸多问题，但旺盛的外需带来的丰厚订单使大多问题被忽略或搁浅。

另外，各种要素价格持续上涨进一步抑制了外需，摊薄了台企利润。以 2007 年的加工贸易新政（主要是税制改革）、2008 年的新《劳动合同法》、2009 年的"四万亿投资"为标志，内地经营环境发生了剧烈变化。除了出口退税优惠有所缩减之外，劳动力成本更是大幅提升。2015 年 5 月，广东再次提高最低工资标准。以东莞为例，最新最低工资标准为 1510 元/月，增幅高达 15%。不仅如此，政府对环保问题的日益重视直接也导致台资企业环保支出的大幅增加。另外，人民币对外升值成为商品价格竞争力下降的另一重要推手，2015 年上半年，货币格局又加剧恶化，主要经济体货币争相贬值，企业利润不断被摊薄。

1.2 区域竞争力弱化，产业转移加速

早在 2005 年，中国台湾地区电机电子同业公会公布《2005 年中国大陆地区投资环境与风险调查》就显示，台企在大陆的投资明显呈现出由华东、华南地区向华北环渤海地区、东北及内陆转移的趋势。[7]尽管广东不断调整最低工资标准，中西部地区调升工资的举措却削减了广东调升工资产生的吸引力。早在 2011 年，湖南、湖北、四川等劳务输出大省一类标准就已经达到 850~900 元，超过粤东西北地方。不仅如此，一些与广东接壤的外省市县标准也相当于或者略高于广东相邻地区的水准。[8]据此，像清远、肇庆、韶关等"沿海的远郊地区"，就现有的投资环境和未来的市场辐射而言，吸引台资的难度和压力不言而喻。同时，内地相对较低的生活成本，以及新一代农民工自我意识的提高，加速了人力资本的回流。中西部地区卓有成效的开发引资让广东台企看到庞大的内需市场机遇。部分台企选择结束在广东的经营，办理清算甚至是"落跑"。重庆、兰州等城市已成为广东台企最为青睐的投资地。广东台企已成立兰州"大西北投资办公室"，以方便外销欧洲、中亚等地。值得一提的是，近年来台企向东南亚和南亚转移的趋势增加。东南亚各国平均工资水平大约是我国中西部地区的 1/5，成本优势明显。宝成搬迁东南亚，富士康设厂印度便是这一趋势中的典型代表。目前，若干国外客户已经在中国和东南亚之间采用"搭配下单"模式。

1.3 盈利分化，转型升级存在顾虑

转型升级与产业转移并存于台企的发展史中。广东台企是个结构复杂、多元的群体。盈利面较好的企业拥有良好的财务状况，能得到更多政策的优惠，转型升级更具优势。有调查显示，不少大型台资企业是基于企业的长远发展考虑以及对当前的形势判断进行的转型升级。广州的光宝科技、大舜贸易等都是广东大型台企转型升级的成功范例。另外，薄利多销的盈利模式使部分中小型台企在低迷的市场环境下难以生存，集群化、家族化的特点使危机来临时存在"牵一发而动全身"的风险。有研究表示，东莞台资企业在此轮转型升级的压力下，较多的以关门结业、转让、转移为转型升级的选项。[9]

尽管有成功的案例，但对于大部分企业而言，转型升级顾虑重重。转型升级的策略主要包括内部治理、技术改进、区域整合、商业模式转变、产品结构调整等方面。就技术改进而言，台资企业的升级活动主要集中在成本控制型的生产管理和相关技术研发。广东中小台企以贴牌代工生产为主，无法掌控市场，进而也难完全掌握研发创新的主动权。就商业模式转变而言，目前主要

涉及零售渠道和品牌建设，有若干台企实行创牌与贴牌并举的战略。由于产品相似度和可替代度高，自创品牌很难抵御代工品牌的竞争。同时，大陆内销市场不够规范，这种放弃代理商制度，自行建立销售网络的成本和风险太大。有研究表示，从深圳全市整体情况看，近五年来全市出口总额占工业销售产值比始终维持在80%左右，工业品拓展内销市场的力度尚不明显。[10] 东莞创设的"大麦克"和"小麦克"是广东台企进入内销市场的一个缩影。它的状况反映出广东台企进入内销市场所面临的挑战。再者，跨行业的产业转型、产品结构调整也正在展开。以台资裕元工业集团为例，长期为国际知名品牌鞋业代工，近年来仿效"万达模式"和沃尔玛合作在东莞成立大型购物商场。在互联网浪潮的冲击下，这种方式能否成功尚需时间和市场考验。事实上，相对行业内技术升级而言，计划投资服务业、实现多元化发展的企业并不多。

2 广东台企的外部环境：优势与机遇

转型升级不仅需要台企全盘考量，也需要政府"对症下药"。政府通过构造完善的政策框架，提供更多的政策优惠能够为台企转型升级创造更有利的外部条件。近年来，受惠于两岸关系趋暖与协商机制的恢复，从中央到地方增强和落实了对两岸交流往来，特别是台企的关注与扶持。广东作为两岸交流合作的重要省域，在诸多方面实现了突破。总体而言，现有的政策主要是为台企解决外围问题，提供若干"绿色通道"。具体如下：

2.1 改善台企融资的条件

台企融资难的问题被诟病多年，台资企业主要通过境外公司从中国台湾岛内银行的国际业务分行取得资金，程序烦琐且耗费巨大。虽然早年中国台湾地区金融机构采取"香港设点，服务内地"的方式，但这并不能满足广东台企的需求。后金融危机时期，台企经营日趋艰难，改善融资条件被赋予了重大的意义。2008年8月，广东天信融资担保有限公司在广州成立。作为天信融资北京总部下属的第一家省级子公司，专为解决广东台企融资中常见的征信难问题。ECFA签订之后，台银设点的政策阀门被打开。2011年1月，华南商业银行深圳分行成立。2012年9月，玉山银行东莞分行成立。2015年8月，"中国信托商业银行"广州分行成立。台湾银行广州分行也于2015年初获得银监会的核准。不仅如此，广东还鼓励在粤台资企业上市融资。江门真明丽集团、广州宏昌电子先后在港交所、上交所成功上市。东莞除了引进台资金融机构以外，还通过设立融资专项资金，联系保险公司、融资租赁公司、政策银行和商业银行等为台资企业转型升级融资。

2.2 扩充惠台政策的类型

为协助台企转型升级，广东各级政府有针对地推出了多种类型的优惠政策。在这些优惠政策中，以铺设"绿色通道"为主，财税优惠为辅。针对转型，以外销转内销的战略项目"大麦克"为例，东莞市政府规划了207亩的卖场用地，商住两用，一亩只收20万元的土地费用。中央不仅批准"大麦克"未来可以在全大陆开分店，而且给予其拥有更多进口项目与权限的进口执照。另外，2015年"台博会"特设电子商务专区，协助台企在互联网时代转型升级。针对转移，以惠州为例，2011年9月惠州启动"粤台石化合作基地"、"粤台光电合作基地"以及"粤台科技合作与交流基地"，改变以往粤台产业合作以轻纺工业为主的局面，推动产业合作的重工业化与高科技化。针对升级，广东省政府给予台企准国民待遇。台企在申请认定知识产权优势企业、示范企业、战略试点企业、清洁生产企业，实行和大陆企业相同的申请程序和条件。另外，两岸服贸协议中，除了与全国各省一道向中国台湾地区开放的项目，广东另辟出四个项目向中国台湾地区业者开放，另有三个项目开放审批（审核）权限下放至广东，项目数量仅次于福建省，居全国第二。在土地政策上，广东于 2015 年 1 月起率先取消了堤围防护费，为包括台资企业在内的外资企业减轻了负担。

2.3 丰富政府服务的内容

不仅是各类优惠政策，广东各级政府还不断丰富政府服务的内容。这些服务内容中既有智力支持，也不乏人性化的关爱。广东省外经贸厅、科技厅等相关部门联合成立台资企业转型升级服务务团，为台企转型升级进行辅导。更支持引导中国台湾地区企业培训、咨询辅导、管理技术开发等服务机构在广东省落户，对台企进行专业辅导和服务。东莞引进台湾产业服务机构诊断辅导台资企业，包括工研院、生产力中心、电机电子同业工会等。广东省台办、广东省司法厅协同广东各地方城市的台办和司法局成立律师服务团，为广东台商和台企提供法律服务。广东部分地区已经开始着手解决台企进城务工随迁子女入学问题，防止台企人才流失。近年来，广东在完善台商工作生活环境下也做出了积极的努力，包括广东台商就地办理台胞证的换证手续，协助建设台商医院、台商子弟学校及台商会馆的建设，营造台商及家属在广东生活上的便利性。

3 全局性因素对广东台企的影响

尽管取得了上述种种进步，但不少顽疾、旧疾仍得不到解决，其中多数是全局性的因素，历史渊源和战略定位决定了处理这些问题的难度系数非常大。

3.1 资源短缺未得到改善

能源、资金和人才对于台企持续生产的重要性不言而喻，如此重要的资源却频频出现短缺。一方面，前几年广东台企缺电情况较为普遍，部分台企已自备柴油发动机。如今由于部分工厂已歇业或外移，用电问题一时得到缓解。随着以技术革新、机器化应用为主导的产业升级得到普及和强化，台企对电的需求只会增多，用电问题或将成为困扰其转型升级的重要因素。另一方面，资金短缺的局面难以缓解。尽管岛内银行落户广东的步伐有所加快，但对于庞大的台企群体与其转型升级所需的资金需求而言只是杯水车薪。更何况台银还要受到台湾当局关于放款资金来源的限制，即 50%以上须来自大陆。中央政府和地方政府虽也鼓励商业银行承办台资中小企业融资业务，但实际情况却不容乐观。更为重要的是，经济形势下行增加了台企的信用风险，银行已经出现了"惜贷"的现象，纵使台银机构不断入驻也很难扭转台企融资的成本和难度不断攀升的局面或趋势。再者，在人力资源质量方面，虽然广州有不少职业技术学校，但培养出的人才不符合企业实际需要，生产效率并未跟着调薪一起提升。对优秀技术工人的招聘并未随着部分企业转移、清算而变得容易，相反在转型升级的浪潮下更加难求。

3.2 土地问题仍然存在

土地作为重要的生产资料，是台企生产经营与转型升级中不可忽视的重要因素。基于早期不够完善的招商引资政策，以及台企对大陆土地政策缺乏足够的了解，土地问题不断暴露出来。尽管土地问题是全局性问题，但广东台企的用地特点又使该问题较为严重。一方面是取得土地的手续不完备，导致台企权利不完整。对于不少租地建厂的广东台企而言，随着城市规模不断扩大，城市规划布局不断变更，以及珠三角各地转型升级战略的实施，只能被动结束经营。由于没有土地使用权，台企无法得到除了建筑物补偿之外的其他补偿；[11]即便对于通过出让方式获得土地使用权的台企而言，土地拆迁补偿一直没有统一的标准，使台企在产业转移的过程中难以正确评估成本。2012 年 8 月，海峡两岸签订的投资保护和促进协议成为台企在大陆财产保障的依据。按照协议规定，若当地政府的征收并非基于公共目的，或者补偿标准过低，台企有权要求当地政府撤销决定。然而，在实际操作过程中，该协议很难被完全地遵循和执行，导致台企的利益仍然得不到更好的保护。另一方面是不按照投资强度规范批租土地，取得的土地使用权面积远超过用地需求。广东作为台企最早投资地，该问题较为严重。台企常常面临闲置土地的政策风险，包括因延迟开发建设而支付土地闲置费，非生产用地面积超过土地出让合同的约定，超长延迟开发建设而导致的政府无偿收回土地使用权等。

3.3 对台服务业开放的预期效果有限

吸引中国台湾地区服务业对中国大陆投资，让台企与其上游的生产性服务业在融资、研发、管理和营销等各个方面形成专业化分工，有助于台企降低交易成本与市场风险，提高生产经营效率和产业竞争力。尽管两岸服务贸易协议因故暂停，但是就协议内容本身而言却是延续了 20 余年来的不对称开放和"同等优先"对台让利优惠思路，在电信服务、软件实施服务、环境服务、非银行金融等领域，给予台湾包括市场准入和持股比例在内的政策优惠。

如上所述，尽管协议文本中允许广东对台服务业开放的力度颇大，但其依然面对许多掣肘，对台服务业开放的预期效果恐将有限。原因主要有三个方面：其一，广东对台的政策优势不明显。以律师行业为例，2008 年以来大陆地区先后开放台籍律师参加司法考试，允许台湾律师事务所在福州、厦门两地设立分支机构，但对于台企众多的广东，台湾地区律师事务所却无法设立分支结构。又如通信服务业，两岸服贸协议新增福州市作为试点城市，允许台湾地区服务提供者在部分业务领域设立独资企业或合资企业，而在其他城市台资股权比例或业务领域却设有限制。[12] 再如金融业的开放，台湾地区银行业者被允许在福建省设立异地支行。其二，政策设计本身存在问题。以律师行业为例，对于已有的律师事务所的分支结构而言，按照规定只能从事涉台民事法律咨询服务。中国台湾地区律师在大陆地区从事法律工作之前要通过司法考试、一年的实习期以及专门的面试，取得职业资格后却只能从事非诉讼业务和涉台的离婚继承诉讼业务。台湾地区服务提供者若在大陆地区设立独资物业服务企业，按照两岸服贸协议的要求，在申请企业资质时，在大陆承接的面积不得低于 50%。诸如此类的规定时常使大陆地区部分对台开放政策的象征意义大于实际意义，从而不能满足两岸、粤台经贸往来的需要。其三，政策环境不佳。服务业相对于制造业而言，本土化的客观要求更高。两岸虽同文同种，但数十年分治却使制度环境和人文氛围差异其大。大陆地区现有的营商环境不佳，存在地方垄断和行业垄断，普遍存在重价格竞争、轻服务质量；重竞争策略、轻竞争战略的倾向，使台湾服务业进入后很难充分发挥其先进模式的作用以及对于制造业的支持。

4 区域性政策空间的探讨

严格来讲，广东的对台政策在现实状态下很难得到质的突破，主要受四个层次的制约：其一，中国大陆对台开放幅度不仅受两岸关系与当局大陆经贸政策的约束，还受世界贸易组织相应条款的制约，即绕不开最惠国/地区和国民待遇问题。其二，中国大陆对台开放政策还受制于岛内特殊的政治环境，政党轮替带来的政策风险依然存在。其三，广东对台政策受制于中国大陆对台开放的整体程度，区域对台政策能够突破的空间较为有限。其四，政府会审慎处理与市场的关系，与民营企业、外资企业的关系，遵循市场经济运行的规则。

目前有不少政策建议致力于引导广东台企投资政府鼓励的如现代服务业、新能源、新材料、环保节能、生物医药等行业，本文对此保持审慎的态度。本文认为，合理的区域对台政策应该致力于在市场经济的前提下，有针对性地改善因两岸分治所衍生的问题与障碍。目前广东能够推进的主要包括以下三个部分。

4.1 为台企创造便捷的销售途径

当务之急是为企业提供更多的销售渠道，回笼资金，为转型升级创造更好的条件。就外销而言，积极引导有实力的广东台资企业进出口公司向大型批发商、代理商转型，引导其与省内、国内的大型批发商合作。同时，鼓励中小型台资批发商和代理商横向联合，朝着集内外贸易商品销售的批发商、代理商或综合商转型。就内销而言，电子商务已经成为现代商品流通体系的重要组成部分。政府应该发挥中介作用，向阿里巴巴、京东等最终商品销售平台积极引荐广东台资企业，积极利用其他线上模式，如中建材网上商城，促进台资企业开拓境内市场。政府应充分引导台企利用"台博会、加博会、外博会"等展销平台，深化品牌建设能力，加强与台企之间的沟通交流，加大对台企的集体品牌、自主品牌的扶持力度，多措并举实现台企与内资企业在驰名商标、著名商标及名牌产品等方面享受同等的政策。另外，建立粤台联销体，为台企挖掘更多市场机遇。娃哈哈的成功离不开联销体，即娃哈哈与经销商成立了一个覆盖全国的网络。娃哈哈较好地处理了这个联销网络的核心问题，即利益问题，让这个网络上的企业、个人都能从市场效应中获益，进而更有动力共同创造价值。广东具有建立类似联销体的先天条件，应该在已有的行业协会的基础上，跨行业整合，将遍布各地的粤企、台企纳入联销体内来；建立灵活机动的信息交换、利益共享机制，激发所有成员克服区域文化的隔阂，拓展市场空间；建立灵活机动、风险可控的贸易信贷、融资机制，深层次挖掘市场空间、培育客户群体，为台企转型升级、兼并整合赢得更多的时间。

4.2 建立以广东台企为主的中小企业信用体系

台企的经营状况与宏观经济走势是金融机构为台企融资所需考虑的首要因素。两岸分治的现状却成为妨碍金融机构融资征信的重要问题。政府应该建立以广东台企为主的中小企业信用体系，为征信扫除障碍。中国台湾地区拥有完善的征信体系，由公共征信、私营征信和机构内部征信三大部分构成。规模较大的几家征信机构已经具备较高的业务水平和市场公信力，其余小规模征信机构也都承揽着专业的调查业务。近年来，台湾当局还积极引入国际知名私营征信机构入岛。1971 年，台湾地区各银行已普遍拥有内部征信体制，如今内部信用评级已十分规范。然而，目前台湾地区仍禁止本岛内征信机构或商业银行将征信信息提供给岛外的商业机构使用。大陆金融机构的征信人员尚难以自由入台对企业进行征信调查，但台湾岛内的征信人员可自由前往大陆进行征信调查。因此，政府创造条件让台资征信机构在广东开设分支机构或合资机构，帮助中小企业直接、间接融资。另外，通过联合筹资、财政支持的方式建立省内台资中小企业联合征信平台或数据库。[13]

4.3 培育区域性多层次的对台资本市场

如上所述，广东台企本身是个结构复杂、多元化的群体，间接融资无法满足全部台企的需求。目前中国大陆资本市场正处于深化改革的关键时期，建设多层次资本市场体系正在加快推进过程中，而中国台湾地区早已组建了由上市、上柜、兴柜、盘商构成的混合多层次体系。从该体系的法律和制度建设来看，有不少值得广东借鉴的有益经验。政府可以尝试推动粤台（以"前海"为试验基地）在建立类似于中国台湾地区的"兴柜"交易市场（针对未上市上柜股票）、盘商市场（针对非公开股权，类似于有限责任公司权益）方面合作，引台湾证券公司出资入股，允许其参与运营。产品和服务以私募为主，包括台企中小企业的股权转让、进场托管和私募债等。该市场可依次从东莞市开始试点，再扩大到广深两市，最终辐射全省，逐步将中小型台资企业吸引来挂牌，买方则可以从法人扩大到个人。融资、转让不只是钱的问题，也包括投资者背后的资源渠道，即利用这一平台可使相关联的企业整合资源优势，促进转型升级。

〔参考文献〕

[1] 截至 2014 年底全省台资企业累计 26140 家，数量增长 2.25% [EB/OL]. 广东省人民政府网，http：//www.gd.gov.cn/tzgd/gdtzdt/201504/t20150403_211507.htm，2015-04-30.

[2] 近 8 成台商　今年获利缩水 [N]. 工商时报（台湾），2009-12-18.

[3] 两岸新世纪 [N]. 远见杂志，2010-01-01.

[4] 社评：传统产业应珍惜品牌价值 [N]. 旺报（台湾），2012-11-03.

[5] [9] 黄岳钧，帅建华. 东莞台资企业转型升级的问题与对策研究 [J]. 惠州学院学报（社会科学版），2015（2）.

[6] [10] 廖明中，施洁. 深圳台资企业转型升级情况调研 [J]. 特区实践与理论，2015（2）.

[7] 杜洁菡. 台商投资大陆趋势透视——台资迈向无区位偏爱时代 [J]. 中国报道，2006（2）.

[8] 穗最低月薪上调为 1300 元 [N]. 广州日报，2011-01-20.

[11] 凌维慈. 台商投资中土地使用权纠纷特征及其解决途径 [J]. 中国房地产，2012（10）.

[12] 中国大陆向中国台湾地区开放部分通信服务业市场 [EB/OL]. 中新网，http：//www.chinanews.com/tw/2013/06-21/4956616.shtml，2013-06-21.

[13] 陈茜. 重塑"温州模式"视阈下温台合作的现实路径 [J]. 浙江工贸职业技术学院学报，2014（3）.

The Current Situation and Policy Space of Taiwanese-invested Enterprises in Guangdong

Xi Chen

（Guangdong Academy of Social Science，Guangzhou Guangdong，510610）

Abstract：For the past few years，environmental changes inside and outside challenge the Taiwanese-invested enterprises in Guangdong a lot，with external demand depressing and operating costs rising. Industries transfer quickly，and industrial transformation and upgrading have some consideration. With improving external conditions including finance，policy and counseling，global factors as resources，land and system design could not be solved. The policy on Taiwan of Guangdong restricted in four level as international，domestic，the island and the market There are three kinds of policy space which can be practiced，including the expansion of marketing channels，the construction of the credit system，the cultivation of multi-level capital market，try to look at the problems of the Taiwanese-invested enterprises in Guangdong from a more fair and rational perspective.

Key Words：Overseas Market Demand；Cost of Production；Industrial Transfer；Transformation and Upgrading；Policy Space

JEL Classification：F21

第 2 辑

粤 台 商 业 评 论
Guangdong-Taiwan Business Review

Vol. 2

中国台湾地区制造业市场集中度、广告密集度与利润率关系实证研究

李进明

（汕头大学商学院，广东汕头，515063）

[摘 要] 本文以中国台湾地区的 249 种四位数字制造业为对象，建立联立方程式，探讨集中度、广告密集度与利润率的因果关系（Causal Relations），以前述三者为内生变量，并以影响此三项内生变量的相关变量作为外生变量，包括进口比率、出口比率、最小效率规模、市场需求量、产品销售成长率、资本密集度、劳动密集度、产品属性与市场离散程度九项。主要的研究结果发现：广告密集度与利润率两者存在双向的因果关系；市场集中度对广告密集度呈现"倒 U 形"的效果，但广告密集度对市场集中度并无显著效果；利润率对于市场集中度则为负向的显著影响。

[关键词] 市场集中度；广告密集度；利润率；联立方程式
[JEL 分类] L60

1 绪 论

近 30 多年来，产业经济学者对于结构—行为—绩效（Structure-conduct-performance，SCP）之间的关系，一直深感兴趣。结构变量以市场集中度为代表，行为变量则有定价策略、投资行为、进出口、研究发展及广告等，绩效变量以利润率或价格成本边际（Price-cost Margin）为代表。早期学者多以单向关系讨论 SCP 架构，但近期有学者指出 SCP 非仅单纯地存在单向关系，更有相互影响的双向关系。Strickland 和 Weiss（1976）首先以市场集中度、广告密集度与利润率为内生变量，建立联立方程式，探讨三者间的因果关系。此类文献早期多以欧美厂商为实证对象，新兴工业化国家则鲜有相关研究（Jeong and Masson，1990）。中国台湾地区相关的研究，多数限于特定产业，且在 SCP 架构下鲜少论及广告密集度与其他变量之间的联立关系。在过去台湾地区制造业的代工背景下，广告自然不受重视，但就现时国际环境来看，广告对厂商的重要性不应等闲视之。观察台湾制造业的当前局势，逐渐丧失成本优势，且制造技术迈入成熟期后，厂商间的成本差异缩小，也就是价格竞争的空间有限。除了价格竞争之外，非价格竞争中的广告是常见的竞争工具，也是建立产品差异化的方式之一。借由广告建立影响力对于厂商的获利是否有所帮助，是厂商关切的要点，若广告有助于建立差异性，是否也可视为一种进入障碍，影响市场结构？因此本文将广告变量引入 SCP 架构，以整体制造业为对象，探讨广告密集度、市场集中度与利润率之间的互动关系，作为研究的主轴。除了上述三者的联立关系之外，本文参考文献及台湾制造业的特性，

[作者简介] 李进明，男，1962 年出生，中国台湾人，汕头大学商学院副教授，管理学博士，研究方向为市场营销与品牌管理，E-mail：jmli@stu.edu.cn。

加入若干外生变量，讨论影响制造业集中度、广告密集度与利润率的决定因素。

　　本部分先就叙述性数据描述 1989~2013 年制造业的产业结构概况，以便了解中国台湾地区制造业的结构特性与发展概况；第二部分针对相关文献做回顾与检讨；第三部部介绍本文的研究方法与建立理论模型，尝试解释结构—行为—绩效三者的关系；第四部分对实证结果作分析，第五部分为结论与建议。

　　本部分介绍中国台湾地区制造业的基本数据，以集中度高低为分类标准，观察集中度纵断面的变化。Shepherd（1990）将市场结构分为五类：优势厂商、寡头垄断、多头垄断、独占性竞争与纯粹竞争，这五类的市场集中度如表 1 所示。本文将中国台湾地区四位数字制造业①的产业集中度由小到大排列，分为五类：0%~20%、20%~40%、40%~60%、60%~80%、80%~100%，依次为非集中产业、低度集中产业、中度集中产业、高度集中产业与极高度集中产业。台湾地区制造业的集中度在 40% 以下者占了一半以上（53.81%），集中度在 60% 以下者占 74.29%，两者皆是历年（1989~2013 年）来最低的数字，显示台湾地区制造业大多是属于低集中度的竞争产业。至于集中度与利润占有率的关系，发现极高集中度产业的利润占有率变异极大，2009 年集中度达 80% 以上的 15 种产业，利润占有率几乎到所有产业利润的一半（46.82%），至今（2013 年）产业数增为 27 种，然而利润占有率却降为 8.96%，呈现大幅变化（见表 2）。表 3 为中国台湾地区历年二位数字制造业集中度变化的情形，该数字乃根据四位数字制造业集中度依销售额加权平均计算得来。由表 3 得知，2013 年比 2012 年制造业总体集中度增加约 1 个百分点，二位数字制造业中，除了纸浆、纸及纸制品，化学材料，化学制品，石油及煤制品与金属制品五项，其余集中度皆比 2012 年有所增加。2013 年，在二位数字制造业中，烟草与石油及煤制品两者属极高集中度（90% 以上），集中度在 20% 以下者有木竹制品、家具及装设品、印刷业与金属制品四项，其余集中度在 20%~60%。表 4 以企业单位数目、雇用员工人数及实际运用资产衡量厂商规模。2013 年台湾地区制造业企业单位总共有 154675 家，其中金属制品制造业所占家数比例最高，达 24.94%，其次为电力及电子机械器材制造业（9.11%）与塑料制品制造业（8.82%）。企业雇用员工人数、实际运用资产及全年各项收入三者，皆以电力及电子机械器材制造业居首位，分别占整体制造业比例的 21.12%、22.93% 与 26.80%。员工人数方面，多数呈现下降趋势，只有电力及电子机械器材制造业人数成长 12.79%，居各制造业之冠。各制造业在实际运用资产与全年各项收入方面，多数有长足的进步。利润率方面，除了烟草业、纸业、石油及煤制品与金属基本工业低于 5%，大多数产业的利润率介于 5%~10%。多数制造业的利润率呈现负成长，但电力及电子业却有相当亮丽的表现，成长率高达 59.48%。至于广告支出占全体制造业广告支出的比例，电力及电子机械器材（26.98%）、食品制造业（24.69%）与化学制品制造业（12.62%）分占前三名，占了制造业约 64%

表 1　Shepherd 的市场结构分类

市场结构	市场集中度
优势厂商（Dominant Firm）	一家厂商占 50% 以上
寡头垄断（Tight Oligopoly）	CR4 占 50% 以上
多头垄断（Lose Oligopoly）	CR4 在 15%~40%
独占性竞争（Monopolistic Competition）	每家占有率在 2%~8%
纯粹竞争（Pure Competition）	每家占有率极小

　　资料来源：Shepherd W.G.The Economics of Industrial Organization ［M］. New Jersey：Prentice-Hiu，1990：14.

---

　　① 2013 年的产业分类，根据《台湾地区行业标准分类》，将制造业分为 22 个中类，即二位数字制造业；中类之下有小类，为三位数字产业，制造业共有 96 个三位数字产业；小类之下又分细类，即四位数字产业，制造业共有 249 个四位数字产业。

表 2　四位数字制造业厂商集中度分配

产业类型	集中度级距（%）	年份	产业占有率（%）	利润占有率（%）
非集中产业	0~20	1989	16.54（22）	13.30
		1990	26.32（35）	32.05
		1991	29.24（50）	27.82
		1992	21.67（52）	24.52
		1993	22.89（57）	25.96
低度集中产业	20~40	1994	39.85（53）	22.31
		1995	30.83（41）	39.74
		1996	31.58（54）	23.41
		1997	33.33（80）	30.14
		1998	30.92（77）	25.88
中度集中产业	40~60	1999	22.56（30）	9.19
		2000	20.30（27）	14.40
		2001	18.13（31）	16.38
		2002	22.92（55）	13.30
		2003	20.48（51）	25.97
高度集中产业	60~80	2004	9.77（13）	8.38
		2005	12.03（16）	1.52
		2006	9.94（17）	8.96
		2007	11.25（27）	18.17
		2008	14.86（37）	13.21
极高度集中产业	80~100	2009	11.28（15）	46.82
		2010	10.53（14）	12.29
		2011	11.11（19）	23.44
		2012	10.83（26）	13.88
		2013	10.84（27）	8.96

注：①2013 年资料系作者整理自中国台湾地区工商普查报告原始磁带；②括号代表产业数。

表 3　中国台湾地区二位数字制造业历年产业集中度变化

单位：%

年份	2009	2010	2011	2012	2013
全体制造业	44.680	44.186	36.295	39.743	41.00
食品制造业	43.547	44.618	44.479	48.382	51.14
烟草业	100.00	100.00	100.000	100.000	100.00
纺织业	20.693	29.421	19.612	25.227	34.32
成衣及服饰品制造业	15.630	11.944	10.700	21.444	24.97
皮革毛皮及其制品制造业	36.504	16.781	18.611	22.099	29.29
木竹制品制造业	19.753	18.067	16.841	13.587	14.20
家具及装设品制造业	23.624	14.690	20.828	15.690	17.15
纸浆、纸及纸制品制造业	31.755	35.991	33.131	48.568	46.65
印刷及有关事业	22.647	22.012	11.040	10.026	16.20
化学材料制造业	81.301	61.658	64.539	61.405	59.73
化学制品制造业	35.225	30.180	29.917	35.928	34.77
石油及煤制品制造业	99.579	99.655	99.412	98.086	90.34

年份	2009	2010	2011	2012	2013
橡胶制品制造业	40.410	40.939	30.880	37.040	37.20
塑料制品制造业	32.400	29.847	25.007	31.160	33.74
非金矿物制品制造业	50.063	45.726	36.328	40.933	43.16
金属基本工业	36.487	40.673	42.702	35.823	37.34
金属制品制造业	17.894	13.942	11.633	14.917	14.55
机械设备制造修配业	34.961	29.812	25.029	26.686	29.31
电力及电子机械器材制造业	42.484	34.313	29.340	37.519	45.23
运输工具制造修配业	53.918	57.176	50.428	49.514	52.24
精密器械制造业	51.128	43.641	25.235	29.003	34.78
杂项工业制品制造业	22.652	24.157	14.711	15.636	21.05

注：2013 年资料系作者整理自中国台湾地区工商普查报告原磁带。

表 4　2013 年中国台湾地区制造业企业单位数基本数据

单位：%

产业类别	企业单位数占制造业（家、%）	企业雇用员工人数占制造业（人、%）	实际运用资产占制造业（百万、%）	全年各项收入占制造业（百万、%）	利润率（%）	广告支出占制造业（千、%）
全体制造业	154675 (10.03)	2524104 (−5.30)	10097685 (68.16)	7965848 (79.87)	6.59 (5.98)	34272358 (31.53)
食品制造业	3.96 (−15.17)	4.96 (−7.52)	8.02 (97.68)	6.41 (42.42)	5.37 (−14.90)	24.69 (5.08)
烟草业	0.00 (0.00)	0.50 (−14.66)	1.34 (9.08)	1.27 (5.33)	3.32 (−18.43)	0.20 (857.44)
纺织业	4.07 (7.99)	5.97 (−9.26)	5.61 (27.39)	5.06 (20.13)	5.38 (−14.06)	1.30 (−64.85)
成衣及服饰品制造业	3.40 (−8.09)	4.12 (−27.12)	1.32 (1.27)	1.94 (5.31)	5.32 (−6.01)	2.98 (124.80)
皮革毛皮及其制品制造业	0.76 (−12.28)	1.04 (−50.32)	0.63 (2.14)	0.93 (−2.13)	5.24 (−28.90)	1.65 (321.84)
木竹制品制造业	2.94 (−12.94)	1.37 (−36.83)	0.75 (−17.52)	0.72 (−13.21)	7.25 (6.93)	0.14 (−74.62)
家具及装设品制造业	2.35 (−8.91)	2.09 (−17.55)	1.05 (25.37)	1.12 (13.92)	6.35 (2.75)	0.91 (32.45)
纸浆、纸及纸制品制造业	2.59 (3.41)	2.51 (−9.85)	2.63 (38.33)	2.28 (28.81)	2.83 (−40.92)	3.29 (3.71)
印刷及有关事业	5.94 (18.99)	2.30 (3.47)	1.36 (54.69)	1.08 (55.29)	8.44 (−11.99)	0.51 (−33.65)
化学材料制造业	0.74 (−0.78)	3.03 (1.99)	8.28 (81.75)	6.57 (58.51)	7.55 (−27.12)	0.09 (−21.14)
化学制品制造业	1.47 (1.83)	2.34 (−0.90)	2.51 (47.00)	2.40 (46.87)	7.39 (−6.22)	12.62 (460.46)
石油及煤制品制造业	0.14 (50.70)	0.98 (−16.44)	5.42 (88.93)	4.55 (30.94)	2.69 (−81.31)	3.89 (24.62)
橡胶制品制造业	1.31 (0.45)	1.68 (−15.56)	0.93 (33.72)	1.00 (13.96)	5.80 (−20.98)	0.79 (−67.34)
塑料制品制造业	8.82 (3.53)	7.34 (−18.79)	4.61 (49.11)	5.39 (27.05)	6.95 (0.14)	2.05 (−23.54)
非金矿物制品制造业	2.90 (0.34)	3.82 (−10.98)	4.73 (69.67)	3.39 (42.57)	8.76 (−24.87)	2.85 (10.84)
金属基本工业	3.66 (18.65)	4.61 (3.49)	9.32 (68.75)	8.29 (55.39)	4.74 (−36.46)	1.18 (26.89)
金属制品制造业	24.94 (25.45)	11.70 (12.46)	6.05 (62.36)	6.13 (50.47)	8.25 (17.02)	2.51 (−12.85)
机械设备制造修配业	11.93 (22.16)	7.77 (11.68)	4.68 (52.72)	5.31 (60.04)	7.53 (7.42)	4.26 (31.54)

产业别	企业单位数占制造业（家、%）	企业雇用员工人数占制造业（人、%）	实际运用资产占制造业（百万、%）	全年各项收入占制造业（百万、%）	利润率（%）	广告支出占制造业（千、%）
电力及电子机械器材制造业	9.11（19.93）	21.12（12.79）	22.93（136.41）	26.80（115.05）	7.99（59.48）	26.98（15.04）
运输工具制造修配业	3.86（9.25）	6.18（2.27）	5.70（50.37）	6.63（26.65）	5.20（−8.93）	7.11（−45.63）
精密器械制造业	1.21（2.68）	1.41（−19.32）	0.60（29.81）	0.85（21.01）	6.70（22.71）	0.83（22.22）
杂项工业制品制造业	3.90（−11.14）	3.17（−39.90）	1.52（12.95）	1.88（1.45）	6.91（13.84）	1.80（0.51）

注：变动率的计算以 2012 年为比较基础。括号内为变动率。

资料来源：整理自《2013 年中国台湾地区工商及服务普查报告》。

的广告支出，不过各产业的广告支出占全体制造业广告支出的比例与 1991 年比较却有极大的变化。烟酒业因烟酒市场开放进口，且放宽广告限制，故而广告支出剧增。另外，较接近消费者的下游产业，如成衣及服饰、皮革毛皮及其制品、化学制品（包括清洁用品与化妆品），广告支出比例也呈倍数成长。

2　理论基础与相关文献回顾

本文以市场集中度、广告密集度与利润率三者的关联性为研究核心，并讨论三者与其他结构、行为与绩效变量的关系。因此本节首先描述 SCP 理论基础，其次回顾有关市场集中度、广告密集度与利润率三个变量关系的文献。

2.1　SCP 架构

以 Bain 为首的产业经济学的结构学派，认为市场结构会影响厂商行为，进而影响经营绩效。集中度高的市场结构导致市场勾结，造成独占价格（高价）；反之，集中度低的市场结构，彼此竞争激烈，会产生较有效率的价格。不过芝加哥学派却提出另一个观点，产业的领导者由于能够提供质量优良或价格低廉的产品，因此拥有较高的市场占有率，也导致市场集中度提高，此论点恰好与前述的结构学派相反，即市场绩效会影响市场行为，再影响市场结构，前述结构—行为—绩效的关系，一般以 SCP（Structure-Conduct-Performance）架构称之，如图 1 所示。市场结构的变量常以产业集中度、产品差异性及市场进入障碍来表示，行为变量则以研究发展的经费投入、广告支出、投资与进出口等衡量，市场绩效则主要以利润率或价格成本边际为代表。

2.2　广告密集度与市场集中度

2.2.1　广告密集度对市场集中度的影响

学者对于广告与市场结构的关系有三种看法：第一种认为广告对市场结构有反竞争效果；第二种认为广告可促进市场竞争；第三种则采取折衷的看法，主张广告与市场结构的关系视不同情况而异，如产品特性、广告性质及消费者的信息等。有关广告与集中度的关系，在过去文献中并未获得一致性的结论，其差异可能与样本期间、产业类别、衡量方法或者变量定义等有关。

（1）Bain（1968）认为厂商可以借由广告造成产品差异化，作为一种市场进入障碍，这种障碍会增加市场集中度。Mueller 和 Rogers（1980）与 Nelson（1974）的研究结果支持此种说法。

（2）Telser（1964）认为当新厂加入市场或建立新品牌都需要高额广告支出，因此广告也是一

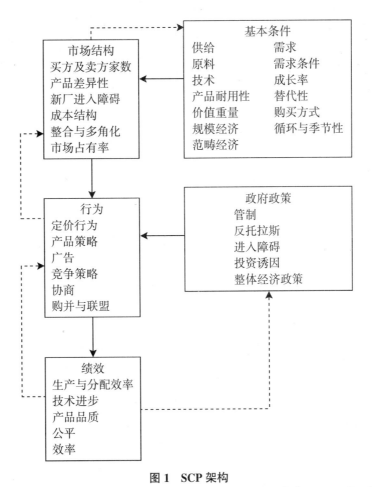

图 1 SCP 架构

资料来源: Scherer F. M.. Industrial Market Structure and Economic Performance ［M］. Boston: Houghton Miffin, 1990: 59; Shepherd W.G.. The Economlcs of Industrial Organization ［M］. New Jersey: Prientice-Hiu, 1990: 6.

种竞争的工具，广告提供的信息有助于新的厂商进入市场，使竞争更加激烈，因此降低市场集中度。Lynk（1981）的研究结果指出广告对集中度有负面的影响。

（3）Robinson 和 Chiang（1996）提出广告和集中度的关系会因不同情况而异。广告对集中度的效果受竞争者数目的影响。若竞争者数目多，市场规模增加，广告密集度增加，增加广告结果造成新进厂商的进入障碍，导致集中度增加；反之若竞争者数目少，市场规模增加反而造成集中度的下跌。Schmalensee（1989）指出广告密集度与产业集中度的关系在消费性产业中呈现正向相关，但是在生产性产业则不明显，亦即两者关系受产品性质影响。

2.2.2 市场集中度对广告密集度的影响

Strickland 和 Weiss（1976）认为集中度对广告呈现非线性的关系。当集中度在较低的阶段，厂商规模较小，竞争激烈，因此借由广告来增加销售量，随着集中度的增加，较大规模的厂商由于享有成本的优势，因此对广告的依赖性随之降低，广告密集与市场集中度呈现"倒 U 形"的关系。Vlachvei 和 Oustapassidis（1998）实证结果支持该论点，但是 Willis 和 Rogers（1998）却得到相反的结论，市场集中度对广告密集度呈现非线性的"J 形"曲线。Buxton、Davies 和 Lyon（1984）认为市场集中度对广告密集度效果之所以有不同结果系因产业差异之故。

2.3　广告密集度和利润率

2.3.1　广告密集度对利润率的影响

传统的产业经济理论对于广告密集度和利润率的关系，认为广告密集度可促进产品的差异化，对潜在进入厂商形成市场进入障碍，有助于提高既存厂商的市场独占力量，进而提高利润。Jeong和Masson（1990）、Pagoulatos和Sorensen（1981）、Vlachvei和Oustapassidis（1998）等得到如是结论。不过McFetridge（1973）未能得到广告密集度对利润率的显著影响。

2.3.2　利润率对广告密集度的影响

Dorfman和Steiner（1954）首次在SCP架构中纳入广告密集度变量，认为广告密集度是利润率的函数，即$AD = f(Pf, X)$，AD代表广告密集度，Pf为利润率，X表示其他变量。当厂商有较高的利润，自然愿意投入更多的广告费用，企图创造更高的销售额，故其影响效果为正。Willis和Rogers（1998）、Gisser（1991）、Vlachvei和Oustapassidis（1998）、Strickland和Weiss（1976）等研究结果支持该论点。

2.4　利润率与市场集中度的因果关系

2.4.1　市场集中度对利润率的影响

根据传统的SCP架构，市场集中度高的产业，使领导厂商出现勾结的行为，形成垄断性的定价，因此享有较高的利润。许多文献实证指出美国产业的利润率和市场集中度存在正相关，如Rosenbaum（1993）估计最小有效规模、广告密集度、产业成长率、进口比率、边际利润率、市场进入障碍和市场集中度的关系，结果显示市场集中度对利润率有正向的关系，利润率的诱因会使新厂商加入市场，但进入障碍会延缓厂商家数增加的速度。

Demsetz（1973）认为市场集中度对利润率的影响随厂商规模大小有异：规模较大厂商，享有规模经济的效率，因此利润率和市场集中度存在正向的关系，然而在中小型厂商之间，利润率和市场集中度却无正向关系。McFetridge（1973）研究加拿大产业，指出市场集中度对利润率的影响，在消费部门比生产部门来得大。Leach（1997）也发现，市场集中度对利润率的影响，在加入效率的控制变量后，呈现不一样的变化：原本在较大规模厂商中，市场集中度对利润率有正面的影响，但是加入衡量效率的变量后，集中度对利润的影响效果就变得不显著了。

2.4.2　利润率对市场集中度的影响

传统产业理论认为利润率与市场集中度的关系是单向的，亦即结构影响绩效，市场集中度会影响利润率，未论及利润率对市场集中度的影响，因此在许多探讨市场集中度方程式的模式中并未出现利润率变量，如Strickland和Weiss（1976）、Gisser（1991）、Vlachvei和Oustapassidis（1998）等。近期学者认为绩效对市场结构也会有回馈效果（Feedback Effect），也就是说，市场集中度与利润率是相互影响的，互为因果，认为利润率较高的厂商有较充裕的资金在市场上竞争，因而使市场占有率提高，如Clarke、Davies和Waterson（1984）、Kalirajan（1993）、Uri和Coate（1987）。不过，Kalirajan（1993）、Uri和Coate（1987）实证结论虽指出利润率与市场集中度间存在联立关系，但是后两者却得到利润率对市场集中度具有负向的影响效果。

最后将与本文主旨有关的主要文献简要论述并节录之：

Strickland和Weiss（1976）以1963年的408个四位数字产业为样本，将数据分成消费品和生产品，同时比较OLS和2SLS两种方法，以OLS计算的结果得到市场集中度和市场集中度平方对广告有统计的显著影响，不过在生产品的样本方面，集中度和集中度平方系数分别是正和负数，广告密集度对市场集中度有正向的显著效果。2SLS和OLS的结果相似，广告密集度和市场集中度有双向的因果关系。

Gisser（1991）以制造业厂商数据检视广告、市场集中度与利润率的关系，另外根据市场集中度大小和产品同构型与否，分组比较广告密集度、市场集中度与利润率的关系。未分组数据中得到市场集中度分别对广告密集度和利润率有显著的影响效果，广告密集度和市场集中度对利润率也有正向的影响效果。分组后，较大市场集中度（市场集中度大于0.6）组别的产业中，市场集中度对广告密集度的影响未能达到显著水平；异质性产品的产业中，市场集中度对利润率亦未达显著效果。

Clarke等（1984）以1970~1976年的英国产业为资料，未能得到市场集中度和利润率相关的结果。Clarke等（1984）讨论市场集中度、销售成长、边际利润率、进口比率、广告密集度的关系，发现市场集中度、销售成长与进口比率对边际利润率并无显著效果，广告密集度与资本密集度对边际利润率有显著效果。

Jeong和Masson（1990）以联立方程式检视韩国市场结构和绩效的关系，结果显示市场集中度、广告密集度、产业成长率、最小效率规模有助于提升利润率，而资本需求、厂商家数、进口比与出口比对利润率则产生负向的效果；此外，最小效率规模、资本需求、广告密集度、产业成长率会提高市场集中度，厂商家数增加则显著地降低市场集中度。

Vlachvei和Oustapassidis（1998）以希腊的食品饮料产业为样本，以3SLS方法检视市场集中度（以Herfindahl指数为市场集中度指标）、广告密集度和利润率之间的因果关系。结果发现：广告密集度对利润率有显著影响，市场集中度对利润率并无显著效果；从另一个方面来看，利润率和市场集中度对广告密集度亦有影响。不过广告密集度对市场集中度并无显著影响。

Pagoulatos和Sorensen（1981）以市场集中度、利润率和广告密集度为内生变量，利用3SLS分析，发现市场集中度和利润率之于广告密集度有正向显著效果，广告密集度对于利润率和市场集中度也有正向的显著效果。

Uri（1988）以联立方程式讨论市场集中度、利润率与广告支出的关系，得到如下结论：

（1）市场集中度对广告支出没有影响，但对其中一部分的样本却有非线性的关系；

（2）利润率对广告密集度和研发支出有正向的效果；

（3）市场集中度对研发支出在多数产业都有正面的关系，只有在高科技产业却有相反的效果；

（4）广告支出有助于提升市场集中度；

（5）效率变量对利润率有影响，但是对市场集中度并无效果。

刘祥熹和吴明泽探讨中国台湾地区信息电子产业SCP关联性，主要变量包括市场集中度、利润率、进口比、出口比与研发密度。研究结果发现，市场集中度对利润率影响并不显著，市场需求对利润率有正向效果，劳动比率对利润率的影响效果为正。

综上所述，除了广告密集度、市场集中度和利润率外，进口比率、出口比例、资本密集度、劳动密集度、最小效率规模、市场需求量、产品销售成长率、产品属性（消费品/生产品）与市场离散程度等变量，也是表现结构、行为和绩效的重要变量，故在实证模型的建立中将引入这些变量，使模型的建构更具完整性。

3 模型的建立

模型的建构步骤说明如下：

首先，建立分别以CR4、AD、Pf为因变量的单一回归模式，并根据前述文献探讨的基础，① 选

---

① 该三式所选取解释变量的参考文献，详见本文第二部分。

择解释变量，以 F 检验决定解释变量的取舍。[①] 关于解释变量的选择，根据产业经济学中影响市场结构的决定因素，包括最小效率规模、加入退出障碍、资本密集度、劳动密集度、产品差异性、市场需求、产品销售成长率与政府法令等。此外，基于贸易对中国台湾地区制造业的重要性，模型加入进口比率与出口比率，并参考 Willis 和 Roger（1998），加入市场离散程度变量。经筛检后得到式（1）、式（2）[②] 及式（3）。除了 CR4、AD 与 Pf 之外，解释变量包括进口比率（IMR）、出口比例（EXR）、资本密集度（K）、劳动密集度（L）、产品销售成长率（GRO）、市场需求量（DMD）、最小效率规模（MES）、产品属性（CONS）与市场离散程度（DIS）共九项。其次，考虑解释变量间可能出现的多重共线性（Multicollinearity）问题。高度的多重共线性可能导致 OLS 估计参数的 t 值未能达到统计显著效果。根据经验法则，当变量的 VIF（Variance Inflating Factor）大于 10，表示高度共线。[③] 本文以 VIF 检视，解释变量间并未发现有高度的共线性。

$$CR4 = f\ (AD,\ Pf,\ IMR,\ EXR,\ GRO,\ MES,\ DMD,\ K,\ L) \tag{1}$$

$$AD = g\ (CR4,\ CR4^2,\ Pf,\ CONS,\ GRO,\ DMD,\ DIS) \tag{2}$$

$$Pf = h\ (CR4,\ AD,\ IMR,\ EXR,\ GRO,\ MES,\ DMD,\ K,\ L) \tag{3}$$

由于本文欲探讨市场集中度、广告密集度与利润率三者的联立性（Simultaneity），故必须确定三组方程式之间是否存在联立性。首先，本文以 Hausman Test 检验三组方程式的联立性，即分别以市场集中度、广告密集度和利润率是外生（Exdogenous）变量为虚无假设，若拒绝虚无假设，则表示使用联立方程式比较适合，使用 OLS 将发生统计偏误。本文以 Hausman Test，通过 F 检验虚无假设，结果拒绝虚无假设，显示三式确实存在联立性（见表 5）。其次，欲对联立方程式进行估计，须先加以认定（Identification）。认定的条件有两个：秩数条件（Rank Condition）和阶数条件（Order Condition）。阶数条件足以保证认定性，不验证秩数条件一般不会造成什么危害（Gujarati，1995）。根据阶数条件，式（1）与式（3）皆属恰好认定（Just Identified），式（2）为过度认定（Over Identified）。由于本文数据引用横断面数据，一般都预期有异质变异（Heteroscedasticity），联立方程式间的残差项也可能交叉影响，因此以三阶最小平方法（3SLS）估计，以求得符合一致性（Consistency）与渐进有效性（Asymptotical Efficiency）的估计参数。

表 5　Hausman Test

	CR4	AD	Pf
F 值	19.243**	18.136**	8.531**

注：** 表示达到 0.01 显著水平。

至此，建立三组方程式的联立关系，CR4、AD 与 Pf 分别代表 SCP 架构中的绩效、行为与绩效变量。本模式的结构变量除了集中度，尚有最小效率规模、产品属性、市场离散程度、市场需求量、资本密集度、劳动密集度；行为变量除了广告密集度外，尚有进口比例和出口比例；产品销售成长率在此将视为绩效指标。以下分别说明各方程式的解释变量。

---

① 有关模型选择（Model Selection），观念上采用 Hendry 的建构方式，在模型中先投入较多的解释变量，再逐次削减影响较小的变量，亦是一种嵌套式模型（Nested Model）的检验。

② 关于 CR4 对于 AD 的效果，认为以二次模式估计或是线性估计合适，本文以拉格朗日乘数（LaGrange Multiplier）检验。以线性模式为受限形式（Restricted Version），建立 CR4 平方项的系数为零的虚无假设，检定结果拒绝虚无假设，即拒绝线性估计模式，故本文以 CR4 的二次模式估计 AD。详见 Gujarati（1995），pp.466-467。

③ 见 Gujarati（1995），pp.338-339。

3.1 市场集中度回归模式

$$CR4 = f\ (AD,\ Pf,\ IMR,\ EXR,\ GRO,\ MES,\ DMD,\ K,\ L) \qquad\qquad (1)$$
$$\quad\ ?\quad\ ?\quad\ ?\quad\quad ?\quad\quad ?\quad\ +\quad\ ?\quad\ +\quad -$$

本式的解释变量，除了内生变量外，根据产业经济学的理论，加入影响市场集中度的主要因素，包括 MES、K 与 L、DMD 与 GRO 等变数；此外，延续过去讨论中国台湾制造业集中度的相关文献，主张进口与出口活动对市场集中度有重要影响，因此本式亦将 EXR 与 IMR 纳入考虑。将各变量说明如下：

3.1.1　广告密集度（AD）

因为对广告角色的功能定义不同，AD 对 CR4 的影响可能产生正向或负向的效果。如果强调广告可建立产品的差异化，则广告成为新进厂商的进入障碍，可提高集中度；若强调广告可教育消费者，提供产品知识，则广告有助于扩大市场需求，吸引新进厂商进入，市场集中度因而降低。估计参数的预期符号无法确定。

3.1.2　利润率（Pf）

PCM 对市场集中度的影响可从两方面来看：一方面，PCM 提高会诱使新厂商加入，从而降低市场集中度；另一方面，现有厂商由于 PCM 增加，更有充足的资金扩大规模，扩张市场占有率，集中度会提高，因此预期效果不确定。

3.1.3　进口比率（IMR）

进口比率对集中度的影响亦可从两个角度观之：若进口对国内市场有排挤作用，造成国内产品销售萎缩，导致集中度提高；反之，若进口对国内市场起到了良性竞争的激励效果，扩大销售量，将会使集中度降低，正负互相抵消，最后结果不确定。

3.1.4　出口比率（EXR）

出口比率对集中度的影响可分两方面来讨论：若出口可扩大生产规模，达到规模经济，因而降低单位成本，享有成本优势，进而提高市场占有率，集中度因而提高；若因出口扩张，吸引新厂商进入市场，将会降低集中度，因此出口比率对集中度的影响方向并不确定。

3.1.5　产品销售成长率（GRO）

产品销售成长若主要来自领导厂商，大厂提高市场占有率，会导致市场集中度提高；反之，若产品销售成长来自其他规模较小的厂商，或新进厂商，会降低集中度，因此最后结果并不确定。

3.1.6　最小效率规模（MES）

经济理论假设平均生产成本曲线呈现"U 形"，达到单位最小生产成本的生产数量称为最小效率规模（Minimum Efficient Scale，MES）。MES 越大，所需资本越高，故而 MES 可视为市场的进入障碍，阻碍潜在厂商的进入，因此市场集中度会提高，预期符号为正。

3.1.7　市场需求量（DMD）

市场需求量为国内厂商产品销售量减去出口及内销部分，再加上进口，代表市场规模的大小。市场需求大若使原有厂商扩大生产，在产业规模经济效果显著的情况下，原有厂商取得成本优势会对新进厂商形成进入障碍，对市场集中度将有正向的效果；若产业的规模经济效果不显著，较大的需求会吸引新的厂商进入市场，原有厂商的市场占有率变化不大，对市场集中度影响则不明显。估计参数的预期符号无法确定。

3.1.8　资本密集度（K）

本文定义资本密集度为产业平均每单位收入所使用的固定资产，也有将资本密集度当作市场进入障碍的指标，阻止潜在厂商进入市场，预期符号为正。

3.1.9 劳动密集度（L）

本文定义劳动密集度为产业平均每单位收入所雇用的员工人数（倒数可视为平均每位员工可创造的边际贡献），也可将其视为绩效变量之一，劳动密集度越高，代表较差的员工绩效，预期符号为负。

3.2 广告密集度回归模式

$$AD = g \ (CR4, \ CR4^2, \ Pf, \ CONS, \ GRO, \ DMD, \ DIS) \tag{2}$$
$$\qquad\qquad + \quad\ - \quad\ + \quad\ + \quad\ + \quad\ + \quad\ -$$

本式参考 Gisser（1991）加入 CONS 变量，DIS 变量则来自 Willis 和 Roger（1998），本研究再加入 DMD，其余变量则参考 Strickland 和 Weiss（1976）与 Vlachvei 和 Oustapassidis（1998）的模式，模式变量关系说明如下：

3.2.1 市场集中度和市场集中度平方（CR4 和 CR4²）

Strickland 和 Weiss（1976）指出市场集中度对广告密集度的关系应为非线性关系，呈现"倒U形"的曲线。当市场集中度处于较低的水平时，领导厂商在产业中的垄断力量有限时，会希望投入越多的广告支出以建立产品的差异性，一旦市场集中度提高到某一程度，表示厂商有越强的垄断力量，不再需要以广告作为差异化的工具，因此对广告的需求也就随之降低。因此预期市场集中度的估计参数为正，市场集中度平方的估计参数符号为负数。

3.2.2 利润率（Pf）

根据 Dorfman 和 Steiner（1954）的主张，认为利润对广告有正向的影响效果，厂商获利增加，加注在广告的支出也跟着增加，本式中预期利润率对广告密集度的影响效果为正。

3.2.3 消费性产品（CONS）

Gisser（1991）认为（主要卖给消费者的）消费性商品拥有较高程度的差异化，以虚拟变量表示产品的属性，当 CONS 为 1 时代表消费性商品，因此预期 CONS 的估计参数为正。

3.2.4 产品销售成长率（GRO）

Vlachvei 和 Oustapassidis（1998）认为厂商借由产品销售的成长，可将增加的营收加注在广告支出，因此预期符号为正。

3.2.5 市场需求量（DMD）

市场需求量越大，厂商更想借由广告扩张或巩固市场占有率，预期符号为正。

3.2.6 市场离散程度（DIS）

参考 Willis 和 Rogers（1998），在本式中加入市场离散程度变量，解释前四个厂商市场占有率的差异性。若市场集中度保持不变，市场离散程度越大，表示领导厂商的市场占有率差异越大，厂商以广告作为产品差异化的需求也就越小，因此广告密集度越低，预期符号为负。

3.3 利润率回归模式

$$Pf = h \ (CR4, \ AD, \ IMR, \ EXR, \ GRO, \ MES, \ DMD, \ K, \ L) \tag{3}$$
$$\qquad + \quad\ ? \quad\ ? \quad\ ? \quad\ ? \quad\ + \quad\ ? \quad\ + \quad -$$

本式参考 Strickland 和 Weiss（1976），加入 DMD、L、IMR 与 EXR，模式说明如下：

3.3.1 市场集中度（CR4）

根据传统产业经济学家的主张，市场集中度越高，代表市场由少数厂商垄断，厂商也因此可获得较高的利润，因此预期符号为正。

3.3.2 广告密集度（AD）

若将广告视为进入障碍，则广告有助于提升利润率；但若因广告有效刺激消费者需求，市场扩大吸引新的厂商进入，竞争激烈的结果会导致利润下跌，因此 AD 对 Pf 的影响效果并不确定。

3.3.3 进口比率（IMR）

进口比率对利润率可能产生正面与负面的影响：一方面，若进口对国内市场形成良性竞争，国内厂商提高效率，利润可因而提升；另一方面，进口也可能使国内效率不明显的厂商降低利润，最后的效果无法确定。

3.3.4 出口比率（EXR）

出口若能扩大厂商产能，降低单位成本，可望提升利润；但若是国外市场竞争激烈，外销利润小于内销利润，出口对于利润率的提升则相当有限，因此出口对利润率的影响方向并不一定。

3.3.5 产品销售成长率（GRO）

销售成长若来自于领导厂商，使厂商达到规模经济，将有助于提高利润率；反之，若增加的销售量来自于其他的厂商，包括新加入的厂商，市场竞争趋于激烈，可能对获利没有帮助，没有预期符号。

3.3.6 市场需求量（DMD）

市场需求量对利润率的影响，视产业是否因市场需求扩大而达到规模经济。若市场需求增加，使原有厂商增加生产，可降低成本，提高利润率，否则对利润将无太大影响。

3.3.7 最小效率规模（MES）

若市场障碍大时，厂商拥有越强的垄断力量，因此可享有更高的利润率，预期 MES 对 Pf 的符号为正。

3.3.8 资本密集度（K）

若将资本密集度视为一种进入障碍，资本密集度越高，提高厂商的独占力，将有助于厂商增加利润，因此预期符号为正。

3.3.9 劳动密集度（L）

劳动密集度是经常与资本密集度相提并论的厂商重要的生产要素之一。本文欲探讨劳动密集度对利润率的影响，劳动密集度越高，间接表示较差的绩效，因此预期对利润率的效果为负。

以下说明变量的处理方式：

CR4 是依据 2013 年《中国台湾地区行业标准分类》的制造业四位数字厂商，取前四大产品销售额厂商的市场占有率之和，代表市场的集中度。Pf 为利润×100/全年总收入，利润根据主计处的计算，等于（生产净额 – 劳动报酬 – 移转支出及其他支出 – 财产报酬），这代表厂商的经营绩效。至于厂商的广告支出，由于普查数据并无该项记录，因此以主计处抽样调查资料[①]的三位数字厂商数据，以厂商家数加权平均求得四位数字厂商数据，AD 乃广告支出与全年收入比率（100×广告支出/全年总收入）。EXR 以出口金额除以产品销售额。IMR 部分，若干文献以进口金额除以产品销售额（由内销与出口组成）处理之，本文以市场需求量取代产品销售额的计算，因市场需求量由产品销售额减出口加进口，更能反映其与进口数字的关系。由于进口数据系以《国际贸易标准分类》（SITC）与《商品标准分类》（CCC code）归类，与本文所据《行业标准分类》（CIC）不符，因此根据 1985 年中国台湾地区产品关联表部门分类的《产业部门分类与相关分类对照表》，将 SITC 进口金额按照《行业标准分类》重新分类为三位数字制造业的进口金额，再依家数加权平均为四位数字厂商数据。GRO 取自 1980 年与 1985 年的产品销售数字。K 以实际运用固定资产总额除以全年总收入，L 以各产业员工总人数除以全年总收入。DMD 如前述，等于产品总销售额减去出口再加上进口之后再取对数，用来衡量产业市场规模大小。以虚拟变量 CONS 代表消费性产

[①] 广告支出数据来自主计处的抽样调查数据，由于抽样调查样本较小，该数据须先扩大处理，使该变量与其他来自普查的变量在同一基础上，可以直接比较及运算。主计处系以各业的广告支出占总支出比重作为扩大的依据。

品，CONS=1，代表消费性产品；CONS=0，则为生产性产品。抽样调查数据将厂商产品销售管道分为直接出口、贸易商、生产者、批发商、零售商、消费者及政府六者，扣除直接出口外，内销市场有五种销售管道，除了销售给生产者外，其余产品大部分是直接或间接卖给消费者，卖给生产者的比例若大于其余内销市场的一半比例，则判断为生产性产品，即工业产品。MES 以各产业销售总和占 50%以上的企业单位的平均销售规模计算。DIS 参考 Willis 和 Rogers（1998）的式子，计算如下：

$$\sigma_j^2 = 0.25HI4_j - 0.0625CR4_j^2$$

$$HI4_j = \sum_{j=1}^{4} s_{ij}^2$$

其中，s_{ij}^2 为 j 产业前四大厂商的市场占有率平方；i 表示 j 产业前 i 大市场占有率的厂商。将各项变量与数据源列于表 6 以供参考。

表 6 变量说明与数据源

变数代号	变 数	说 明	数据源
CR4	市场集中度	四位数字制造业前四大销售额厂商市场占有率	（1）
Pf	利润率	利润×100/全年总收入	（2）
AD	广告密集度	广告支出×100/全年总收入	（3）
EXR	出口比率	出口金额×100%/产品销售额	（2）
IMR	进口比率	进口金额×100%/市场需求量	（4）
K	资本比率	实际运用固定资产总额/全年总收入	（2）
L	劳动比率	各产业员工总人数/全年总收入	（2）
GRO	产品销售成长率	(2013 年产品销售额 - 80 年产品销售额) / 2008 年产品销售额	（2）
DMD	市场需求量	(国内产品销售额 - 出口 + 进口) 取对数	（2）、（4）
CONS	消费性产品	虚拟变量，CONS = 1，表示消费性产品；CONS = 0，表示生产性产品	（3）
MES	最小效率规模	各产业销售总和占 50%以上的企业单位的平均销售规模	（1）
DIS	市场离散程度	前四大领导厂商市场占有率的差异程度	（1）

资料来源：作者整理。

4 实证结果

本文建立市场集中度、广告密集度与利润率三组方程式，探讨三者的联立关系，实证结果得到：AD 与 Pf 之间具有正向的联立关系，较高的广告密集度有利于提高利润率，较高的利润率亦会增加广告密集度。至于 AD 与 CR4、CR4 与 Pf 两组，只能得到单向的显著影响，即 CR4 对 AD 具有非线性的影响，而 Pf 对 CR4 则有负向的显著影响，如图 2 所示。以下详述三组联立方程式的实证结果，并将数据整理列表（见表 7）。

4.1 市场集中度方程式

本式计有 Pf、MES、DMD、IMR 与 K 共五个变量达到显著水平。

AD 对 CR4 的估计参数为正但不显著。究其原因，可能是既有厂商的广告策略，虽对潜在进入厂商形成进入障碍，但同时也吸引新厂进入，因此降低对 CR4 的提高效果。Pf 对 CR4 的估计系数为负数且达显著水平，可能的原因是随着利润率的增加，吸引新厂进入，导致集中度下降。MES 对 CR4 的估计参数为正且达显著水平，表示原有厂商借由进入障碍的保护而拥有较高的集中

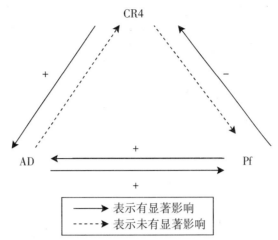

表示有显著影响

------► 表示未有显著影响

图2　CR4、AD与Pf三者的联立关系

表7　联立方程式的实证结果

	CR4	AD	Pf
常数	0.504 (9.476)**	−0.855 (−5.296)**	6.583 (25.002)**
CR4	—	4.353 (12.862)**	3.358 (1.099)
CR4²	—	−5.777 (−7.874)**	—
AD	0.014 (1.568)	—	0.202 (2.748)**
Pf	−0.052 (−7.099)**	0.048 (3.552)**	—
CONS	—	0.855 (12.912)**	—
MES	0.015 (5.701)**	—	0.008 (0.335)
DMD	−0.10 (−2.692)**	0.017 (1.328)	0.024 (0.831)
IMR	0.097 (3.105)**	—	−0.277 (−1.079)
EXR	0.003 (0.695)	—	0.003 (0.722)
GRO	0.008 (1.444)	−0.026 (−1.533)	0.075 (1.390)
K	0.082 (5.583)**	—	0.360 (2.865)**
L	0.004 (0.056)	—	−1.105 (−1.833)*
DIS	—	−4.057 (−6.432)**	—
R²−adj	0.419	0.721	0.267
F	20.781**	92.399**	10.987**

注：** 指达 0.05 显著水平，* 指达 0.10 显著水平，括号内数字表示 t 值。

度。DMD 对 CR4 有负向的显著非线性影响，表示市场规模增加初期，对集中度影响较小，市场规模扩增到一定规模后，形成新厂进入的诱因，稀释了产业集中度，市场竞争越发激烈。IMR 对 CR4 达显著水平且参数符号为正，表示进口竞争的增加使无效率厂商退出市场，对 CR4 有提高的作用。本研究中 EXR 对 CR4 的影响虽呈现正向的效果，但未达显著水平，此结果同陈正苍和林惠玲根据 1986 年和 1991 年的制造业所做的结果，EXR 与 AD 对 CR4 并无显著影响。扩张出口一方面可扩大经济规模，有助于提升集度，但另一方面也可能吸引新厂进入，降低集中度，两者作用的结果呈现正向的不显著效果。预期 K 与 CR4 有正向关系，K 可视为新进厂商的进入障碍，K 越高，集中度也会越高，验证结果 K 的参数符号与预期相符，且达显著水平。L 对 CR4 的影响未达显著水平。

4.2 广告密集度回归式

本式除 DMD 与 GRO 外，其余解释变量皆达显著水平。

CR4 与 CR4² 对 AD 的效果与预期相符，皆达显著水平，显示 CR4 对 AD 存在非线性的"倒 U 形"关系：集中度在较低的水平逐渐增加时，广告密集度随之增加，集中度到达某一程度，广告密集度反而随着集中度的增加而减少。根据过去文献的研究，使广告密集度达最高点的集中度范围为 0.46~0.53（Willis & Rogers 1998），本研究的估计参数却显示广告密集度的最高点出现在集中度较低的水平（0.38），探究其可能的原因如下：其一，制造业中有一半以上的产业集中度低于0.4，也就是中国台湾地区制造业多半属于竞争性的产业，与国外产业结构并不相同，因此结果有异；其二，广告密集度与市场集中度的关系会受产业性质的影响，例如 Buxton 等（1984）发现消费性产业的集中度对广告效果显著，过去文献分别以不同产业实证，因此得到不同的结果。Pf 对 AD 估计参数为正，表示利润率越高者，其广告密集度也随之增加。CONS 对 AD 的影响为正向的显著效果，符合预期，显示消费性产品较之生产性产品有显著较高的广告密集度。DMD 对 AD 并未达显著影响，即较大的市场需求规模无助于广告密集度的增加。GRO 对 AD 虽为负向但并不显著，与预期不符，显示市场的扩张并不足以增加广告密集度。DIS 对 AD 的影响实证结果与预期相符，代表领导厂商的规模差异越大，广告密集度则减少。

4.3 利润率回归式

本式实证结果，计有 AD、K 与 L 三个变量达到显著水平。

研究结果显示，CR4 对 Pf 的效果为正但不显著。可能的原因是中国台湾地区企业多为中小企业，处于集中度较低的竞争状态，并不足以享有较高的利润。利润率除了受集中度的影响之外，还会受其他因素影响，例如，较大的产品需求价格也可能限制厂商抬价的空间。AD 对 Pf 有显著的正向影响，意味着较高的广告密集度有利于利润率的提升。MES 对 Pf 的影响方向与预期符号相同，但并未达显著水平。推测可能由于中国台湾地区企业以中小型居多，故竞争状态多属中低集中度的市场结构，即使有进入障碍，仍不足以提升厂商利润率。DMD 对 Pf 的效果虽为正数但未达显著，表示市场需求量增加，但规模经济效果有限，对利润提升并无明显效果。IMR 对 Pf 的效果为负向，未达显著水平，可能因为进口增加，使台湾地区厂商竞争加剧，利润减少；另外，可能由于台湾地区厂商的勾结行为或营销障碍，使进口增加对台湾地区厂商利润影响有限，两者对利润的效果相抵之下，使 IMR 对 Pf 并无显著影响效果。EXR 对 Pf 有正向但不显著的效果，表示出口增加对整体利润率并无显著贡献。GRO 对 Pf 的影响为正但不显著，表示厂商的销售成长对利润贡献不大，可能因为成长的市场吸引新厂进入，增加的销售额并非来自领导厂商，因此对利润影响不显著。K 与 L 在本式中参数符号皆与预期相符并达显著水平。表示较高的资本密集度，较低的劳动密集度，有利于提升利润率。

5 结论与建议

5.1 结论

本研究根据 SCP 架构，对市场集中度、广告密集度与利润率建立联立方程式，采用 2013 年中国台湾地区制造业的数据，探讨三者间的互动关系。经由上文的实证结果与分析，归结总论如下：

市场集中度模式显示，利润率的提高与市场需求量的增加对于集中度反而有负面的影响，最小效率规模、进口比率与资本密集度对于集中度有显著的正面效果，广告密集度、出口比率产品、销售成长率与劳动密集度对于集中度皆无显著影响。

在广告密集度模式中，本文研究结果得到集中度对广告密集度存在"倒 U 形"的非线性关系；利润率对广告密集度有正向的显著关系，显示获利高者，有较密集的广告支出；消费性商品较之生产性商品有更高的广告密集度；市场离散程度对广告密集度有显著的负面效果，市场需求量与产品销售成长率对广告密集度的影响并无显著影响。

利润率模式方面，市场集中度对利润率并无显著的影响；广告密集度与资本密集度对利润率有正面的影响；较高的劳动密集度不利于利润的获取。其余变量则未达统计显著水平。

利用联立方程式对上述市场集中度、广告密集度与利润率进行整合性的探讨，得到广告密集度与利润率之间具有联立关系，即双向的因果关系，较高的广告密集度有利于提高利润率，较高的利润率也会增加广告密集度。广告密集度和市场集中度之间存在单向的关系，即市场集中度对广告密集度呈现"倒 U 形"的效果，但广告密集度对市场集中度并无显著的效果。集中度与利润率之间也为单向的效果，较高的利润率反而不利于市场集中度。

5.2 研究局限与建议

本文采用 2013 年的工商普查横断面数据（Cross Data）探讨制造业间的集中度、广告密集度与利润率的关系，若能收集时间数列数据，考虑时间因素对变量的影响，或许可以得到不同的结果，这实为本文在资料取得与研究方法下的局限。至于后续研究建议，本文资料并未考虑政府政策的影响，政策因素对市场行为与绩效应有相当影响。另外，本研究所选取的解释变量主要以过去文献中常见者为依据，后续研究者或可尝试建立新的变量，如有关产品差异化的指针、厂商家数的变化、集中度的变化等，使衡量指标更加周延，提高模型的整体衡量质量。

〔参考文献〕

[1] Bain，J.S.. Industrial Organization [M]. New York：John Wiley & Sons, 1968.

[2] Bloch H.. Advertising and Profitability：A Reappraisal [J]. Journal of Political Economy, 1974，82（2）：267-286.

[3] Buxton A.J., S.W. Davies & B. R. Lyon. Concentration and Advertising in Consumer and Producer Markets [J]. The Journal of Industrial Economics, 1984，32（4）：451-464.

[4] Clarke R., S. Davies & M. Waterson. The Profitability-Concentration Relation：Market Power or Efficiency? [J]. The Journal of Industrial Economics, 1984，32（4）：435-449.

[5] Demsetz H.. Industry Structure, Market Rivalry, and Public Policy [J]. The Journal of Law and Economics, 1973，16（2）：1-9.

[6] Dorfman R. & P. O. Steiner. Optimal Advertising and Optimal Quality [J]. American Economic Review, 1954，44（5）：826-836.

［7］Eckard E.W.. Advertising, Competition, and Market Share Instability ［J］. Journal of Business, 1987, 60 (4): 539-552.

［8］Gisser M.. Advertising, Concentration and Profitability in Manufacturing ［J］. Economic Inquiry, 1991, 29 (1): 148-165.

［9］Gujarati D.N.. Basic Econometrics ［M］. New York: McGraw-Hill Inc, 1995.

［10］Jeong K.Y.. & R. T. Masson. Market Structure, Entry, and Performance in Korea ［J］. The Review of Economics and Statistics, 1990, 72 (3): 455-462.

［11］Kalirajan K.P.. On the Simultaneity between Market Concentration and Profitability: The Case of a Small Open Developing Country ［J］. International Economic Journal, 1993, 7 (1): 31-48.

［12］Leach D.F.. Concentration-Profits Monopoly vs. Efficiency Debate: South African Evidence ［J］. Contemporary Economic Policy, 1997, 15 (2): 12-23.

［13］Leahy A. S.. Advertising and Concentration: A Survey of Empirical Evidence, Quarterly ［J］. Journal of Business and Economics, 1997, 36 (1): 35-50.

［14］Lynk W.T.. Information, Advertising, and the Structure of the Market ［J］. Journal of Business, 1981, 54 (2): 271-303.

［15］Maddala G.S.. Introduction to Econometrics ［M］. New Jersey: Prentice-Hall, 1992.

［16］Martin S.. Advertising, Concentration, and Profitability: The Simultaneity Problem ［J］. The Bell Journal of Economics, 1979, 10 (2): 639-647.

［17］McFetridge D.G.. Market Structure and Price-Cost Margins: An Analysis of the Canadian Manufacturing Sector ［J］. Canadian Journal of Economics, 1973, 6 (3): 344-355.

［18］Mueller W.F. & R. T. Rogers. The Role of Advertising in Changing Concentration Manufacturing Industries ［J］. The Review of Economics and Statistics, 1980, 62 (1): 89-96.

［19］Nelson R. L.. Advertising as Information ［J］. The Journal of Political Economy, 1974, 82 (4): 729-754.

［20］Pagoulatos E. & R. Sorensen. A Simultaneous Equation Analysis of Advertising, Concentration and Probability ［J］. Southern Economic Journal, 1981, 47 (3): 728-741.

［21］Robinson W.T. & J. Chiang. Are Sutton's Predictions Robust? Empirical Insights into Advertising, R&D and Concentration ［J］. The Journal of Industrial Economics, 1996, 44 (4): 389-408.

［22］Rosenbaum D.I.. Profit, Entry and Changes in Concentration ［J］. International Journal of Industrial Organization, 1993, 11 (2): 185-203.

［23］Scherer F. M.. Industrial Market Structure and Economic Performance ［M］. Boston: Houghton Mifflin, 1990.

［24］Schmalensee R.. Intra-industry Profitability Differences in U.S Manufacturing 1953-1983［J］. The Journal of Industrial Economics, 1989, 37 (4): 337-357.

［25］Shepherd W. G.. The Economics of Industrial Organization ［M］. New Jersey: Prentice-Hill, 1990.

［26］Strickland A.. & L.W. Weiss. Advertising, Concentration, and Price-Cost Margins ［J］. Journal of Political Economy, 1976, 84 (5): 1109-1121.

［27］Telser L.G.. Advertising and Competition ［J］. The Journal of Political Economy, 1964, 72 (6): 537-562.

［28］Uri N. D.. A Re-Examination of the Relationship Between Industry Structure and Economic Performance ［J］. Applied Economics, 1988, 20 (10): 1383-1400.

［29］Uri N.D. & M. B.. Coate. The Search for a Critical Concentration Revisited ［J］. Applied Economics, 1987, 19 (8): 1049-1057.

［30］Vlachvei A. & K.. Oustapassidis. Advertising, Concentration and Profitability in Greek Food Manufacturing Industries ［J］. Agricultural Economics, 1998, 18 (2): 191-198.

［31］Willis M. S. & R. T. Rogers. Market Share Dispersion Among Leading Firms as a Determinant of Advertising Intensity ［J］. Review of Industrial Organization, 1998, 13 (5): 495-508.

［32］中国台湾地区行政主管部门主计处. 2013年台闽地区工商及服务业普查——初步综合报告.

［33］中国台湾地区行政主管部门主计处. 2013年台闽地区工商及服务业普查——中国台湾地区抽样调查——

工业部门.

[34] 中国台湾地区行政主管部门主计处. 2013 年台湾地区产业关联表部门分类.

[35] 中国台湾地区行政主管部门主计处. 2013 年台湾地区工商及服务业——台湾地区制造业.

An Empirical Study on the Relationship Between Market Concentration, Advertising Intensity and Profit Rate of Manufacturing Industry in Taiwan

Jinming Li

(Shantou University of Business School, Shantou, Guangdong, 515063)

Abstract: The Chinese Taiwan 249 four digit manufacturing as the object, the establishment of simultaneous equations, focuses on the advertising intensity and degree and profit rate of causality, causal relations, in the previous three endogenous variables, and to the effects of the three endogenous variables related variables as exogenous variables, including the ratio of imports, the export ratio, minimum efficient scale, market demand, product sales growth rate, capital intensive, labor intensive degree, product attribute and market degree of dispersion and nine. Major results are found: advertising intensity and profit rate both two-way causality exists; market concentration of advertising intensity present "inverted U-shaped" effect, but intensive advertising degree that there is no significant effect on concentrated; the rate of profit for the concentration is negatively significant effect.

Key Words: Market Concentration; Advertising Intensity; Profit Margins; Simultaneous Equations

JEL Classification: L60

中国台湾地区中小型企业进入中国大陆市场决策模式与经营绩效关系研究

曾惠珠

（中国台湾环球科技大学，中国台湾云林，64041）

[摘　要] 本研究以中国台湾地区中小型制造厂商为实证对象，探讨影响大陆市场进入模式的决定因素及其与经营绩效间的关系。其结果显示：投资台商的经营策略、对大陆地区的风险认知、进入大陆市场时机及投资产业的研发密集度是显著影响台商进入模式的重要因素。其中台商对大陆地区的风险知觉与投资产业的研发密集程度将促使台商以低涉入程度进入模式赴大陆市场投资，其余各项因素则倾向促使台商以高涉入程度的模式进入大陆市场。至于在产业环境、厂商特性以及进入模式对台商在大陆的经营绩效的影响方面，实证数据显示：产业环境与厂商特性对经营绩效具有显著影响，而各进入模式之间（独资、多数股权合资、均等股权合资、少数股权合资以及无股权形式）在五项经营绩效指标（获利率、营业额成长率、获利率的满意度、营业额成长率满意度以及经营目标达成的满意度）上均存有显著的差异。整体绩效排名依序为独资、多数股权合资、无股权形式、均等股权合资、少数股权合资。

[关键词] 中小型制造厂商；进入模式；经营绩效

[JEL 分类] F21

引　言

中小企业资源有限，对于海外市场进入模式的选择尤须谨慎，因为进入模式的适当与否将对企业日后的经营管理与营运绩效产生重大影响。由于中国台湾地区经济是以中小企业为主体结构，本研究以中小企业为主体，探讨中国台湾地区中小型制造厂商赴中国大陆投资的进入模式决定因素及各进入模式与经营绩效间的关系。期望经由实证研究的发现，对中小企业赴大陆投资因素有进一步的了解与认识。

1　研究动机与目的

中国台湾地区厂商早期的海外投资地区是以美国为主，近年来则转变成为中国大陆。基本上，台商对大陆的投资热潮，除归因于中国台湾地区自 20 世纪 80 年代中期以后所面临的新台币升值、工资上扬、地价飞涨和环保抗争的"推力"外，两岸经济资源与产业发展差距所提供的成本节约

[作者简介] 曾惠珠，女，中国台湾人，管理学博士，中国台湾环球科技大学观光餐饮旅馆学系助理教授，邮箱：hui@twu.edu.tn。

与市场拓展机会则是主要的"拉力"所在。

企业从事海外投资将面临的重要课题（Frontier Issue）为"进入模式"（Entry Mode）的选择。在不同模式有不同的优点与限制下，如何选择一个适合自身企业的海外市场进入模式即成为影响厂商海外投资成功与否的关键。由于台湾地区经济是以中小企业为主体结构，基于此，本文拟以中小企业为研究对象，探讨台商赴大陆投资的进入模式决定因素及其与经营绩效间的关系。期望经由实证发现，对台商赴大陆投资的经营型态、营运绩效及其影响因素有进一步的了解与认识。

2 文献探讨

2.1 国际市场进入模式的定义及类型

国际市场进入模式是指企业为求将其营运活动与业务功能成功推广至海外的一种最适经营形态或机构性安排（Institutional Arrangement）。表1即是在不同的区隔变量下，国际市场进入模式类型的汇总。

表1 国际市场进入模式类型的汇总

序号	相关研究学者	国际市场进入模式类型	区隔变数
1	Buckley 和 Cassin（1976）	出口、授权、海外直接投资	成本转变结构
2	Davidson（1980）	独资、多数、均等及少数股权合资、授权	所有权、管理控制、营销模式及生产方式
3	Anderson 和 Catignon（1986）	高、中及低度控制模式（共16种类型）	市场进入者的控制程度
4	Root（1987）	出口方式、契约方式、投资方式	成本与效益
5	Kogut 和 Singh（1988）	购并、合资、海外直接建厂	文化差异成本、风险趋避
6	Hill、Hwang 和 Kim（1990）	授权、合资、全资经营	控制程度、资源投入、技术扩散风险
7	Agarwal 和 Ramaswami（1992）	出口、合资、独资与授权	所有权优势、区位优势、内部化优势
8	Tse、Pan 和 Au（1997）	出口、授权、合资、全资经营	控制程度、资源投入与风险
9	Kumar 和 Subramaniam（1997）	出口、契约性协议、合资、购并、海外直接建厂	风险、报酬、控制程度、整合程度
10	Contractor 和 Kundu（1998）	完全及部分拥有、管理服务契约、特许	所有权与控制程度

资料来源：本研究整理。

2.2 国际市场进入模式的相关理论

对于国际市场进入模式的探讨如表2所示，即为各相关理论的汇总比较。

表2 进入模式的相关理论汇总比较

	内部化理论	交易成本理论	折衷理论
理论基础	内部化理论	交易成本理论	交易成本理论、国际贸易理论及资源基础理论
分析单位	厂商（Firm）	交易（Transaction）	厂商（Firm）
影响因素	产业特定优势、区位特定优势、国家特定优势及厂商特定优势	交易特性：如资产专属性、内部及外部不确定性等	所有权优势、区位优势、内部化优势及策略变数
厂商行为假设	有限度理性与投机主义	有限度理性与投机主义	有限度理性与投机主义
市场状况假设	市场失灵	市场失灵	市场失灵

	内部化理论	交易成本理论	折衷理论
决策准则	若厂商较当地企业具有某补偿性优势时，即可采取内部化方式进入该海外市场	以交易成本最小化为进入模式决策的依据，在交易成本与交易特性间进行最佳的配适	在投资报酬、风险、控制程度及资源间作抵换关系以决定最适合的进入模式

资料来源：本研究整理。

2.3 产业环境、厂商特性与国际市场进入模式的关系

Link 和 Bauer（1989）发现当厂商处于研发密集度高的产业时，会倾向与其他厂商合作以进行研发。Hagedoorn 和 Narula（1996）认为当厂商处于研发密集度高的产业时，实行契约式进入模式会高于实行股权式的进入模式。

除了研发密集度之外，产业的营销密集度也会影响厂商进入模式的选择。Phatak、Muralodharan 和 Chandran（1996）发现处于高营销密集产业的厂商，对于实行高控制的进入模式有较高的偏好。

就厂商特性对其海外市场进入模式的影响而言，Padmanabhan 和 Cho（1996）认为规模大的厂商在资源投入能力与风险承担能力上，皆以较小规模的厂商为佳，因此其也较有能力采取高控制程度的市场进入模式。Agarwal 和 Ramaswami（1992）认为随着国际化经验的增加，厂商的能力与自信也随之增加，能正确认知到从事海外营运的风险与报酬。因此，国际化经验丰富的厂商拥有较高独立经营的能力，故其倾向以独资方式进入。

就厂商的海外市场进入时机及其产品质量控制能力而言，Weinstein（1977）的实证研究指出，早期进入海外市场的厂商较偏好采取全资经营，而晚期进入者，则偏好采取合资经营的进入模式。Contractor 和 Kundu（1998）的研究则发现：企业对其产品质量控制能力与其海外市场进入模式的股权或控制程度呈显著的正向相关。

2.4 国际市场进入模式与经营绩效的相关研究

国际市场进入模式与经营绩效间的关系，先前研究汇总如表 3 所示。

表 3　国际市场进入模式与经营绩效关系汇总

序号	研究学者	进入模式	经营绩效指标	进入模式与经营绩效的关系
1	Anderson 和 Gatignon（1986）	高、中及低控制程度的进入模式	长期效率（长期投资报酬率）	高控制程度的进入模式的经营绩效较佳
2	Minor、Wu 和 Choi（1991）	高控制程度 低控制程度	短期绩效 长期绩效	短期绩效：低控制程度的进入模式较佳 长期绩效：高控制程度的进入模式较佳
3	Woodcock、Beamish 和 Makino（1994）	独资、合资及购并	利润率	独资＞合资＞购并
4	Shaver（1998）	独资与购并	企业存活度	独资＞购并
5	Pan、Li 和 Tse（1999）	契约式合作经营 股权式合资 全资拥有经营	市场占有率 获利率	就市场占有率而言： 股权式合资＞契约式合作经营 全资拥有经营＞契约式合作经营 就获利率而言： 股权式合资＞契约式合作经营

资料来源：本研究整理。

2.5 产业环境、厂商特性与经营绩效的关系

Nitsch、Beamish 和 Makino（1996）以及 Caves 和 Merha（1986）的研究皆指出，产业环境与厂商特性会直接影响进入模式与经营绩效。Hoang（1998）认为厂商规模越大、国际化经验越丰富，其海外经营绩效越好。

Luo（1997）的实证结果发现：高研发密集与高营销密集产业的厂商，其在销售成长率的绩效表现也较佳；而当厂商规模越大，其在投资报酬率与销售成长率的绩效表现也随之改善。Luo（1998）的实证发现：早进入大陆市场的厂商虽然在投资报酬率上比晚进入者较差，但在销售成长率与资产周转率上的表现则较佳。

3 研究设计与方法

3.1 研究架构与研究变数的衡量

本研究以 Hill 等（1990）所提出的折衷理论为基础，配合产业环境与厂商特性，发展出观念性架构。至于研究变量中的折衷构面、产业环境、厂商特性中的进入时机与质量控制能力，以及经营绩效变量中的 P3、P4、P5 皆以"李克特七点量表"请受访厂商依其主观知觉加以评量；厂商特性变量中之厂商规模与国际化经验以及经营绩效变量中的 P1、P2，以七个级距让受访厂商依其实际经营情况加以填答；进入模式则请厂商直接由图 1 的五种形态加以勾选。

3.2 研究假设与方法

根据前述的文献探讨与研究架构，本研究提出下列研究假设：
假设 1：折衷构面各变量对进入模式具有显著影响。
假设 2：产业环境对进入模式具有显著影响。
假设 3：厂商特性对进入模式具有显著影响。
假设 4：进入模式对经营绩效具有显著影响。
假设 5：产业环境对经营绩效具有显著影响。
假设 6：厂商特性对经营绩效具有显著影响。
本研究主要是以多变量变异数分析、GLM 回归分析、典型相关分析与 Logit 回归模型进行研究假设的验证。在 Logit 模型的建立上，若厂商采用高涉入程度的进入模式，则应变量 Y = 1；若厂商采取低涉入程度的进入模式，则应变量 Y = 0。

Prob（高涉入的进入模式 = 1）= $1/1 + \exp(-\Sigma \beta_j X_j)$

其中，β_j 表示第 j 个自变数的回归系数；X_j 表示第 j 个自变数。

4 研究结果

本研究以赴大陆投资的中小型制造业厂商为研究对象，通过中国台湾地区工业总会在 2012 年12 月所出版的《大陆台商投资名录》，经由分层随机抽样，共计寄发 422 份问卷给予厂商名录上的台湾负责人（其中退件 11 份），回收 126 份，扣除 11 份填答不完全，计得有效问卷 115 份，实质有效样本回收率为 27.98%。回收的样本厂商所采取的进入模式以独资方式最多，共 69 家，其次依序为多数股权合资 16 家、无股权形式 16 家、均等股权合资 7 家、少数股权合资 7 家。本研究将独资及多数股权合资归属于高涉入程度的进入模式；均等股权合资、少数股权合资，以及无股

权形式则归属于低涉入程度的进入模式。

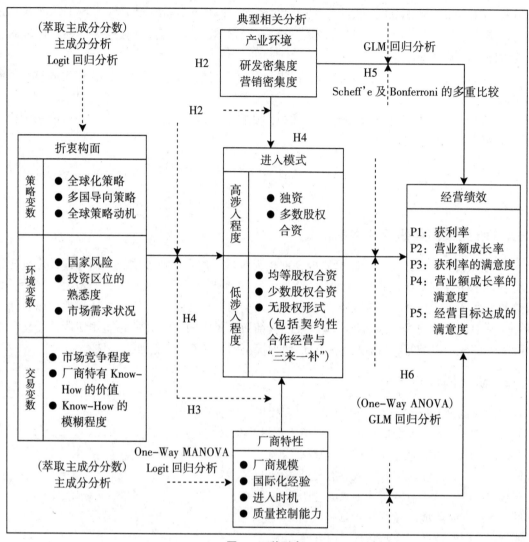

图1 五种形态

4.1 进入模式的影响因素分析

本研究首先对各解释变项进行 Pearson 相关分析，结果显示各解释变项间的相关性均不高，不致产生变项间的共线性问题，因而适宜进行后续的 Logit 与 GLM 回归分析。表4为中小企业赴大陆投资进入模式影响因素的 Logit 回归分析结果。由表4中数据显示，Logit 回归模型的检验结果

表4 进入模式影响因素的 Logit 回归分析

解释变项名称	Logit 回归（SAS 软件）				
	回归系数	Wald-X2	Pr > X2	标准化估计值	Odds Ratio
常数项	1.7150	0.2446	0.6209	—	—
全球化策略	3.0947	7.4468	0.0064***	1.742371（2）	22.080
多国导向策略	2.3245	8.4246	0.0037***	1.331607（5）	10.221
全球策略动机	0.4778	0.5781	0.4471	0.261000（13）	1.613

116

解释变项名称	Logit 回归（SAS 软件）				
	回归系数	Wald-X2	Pr > X2	标准化估计值	Odds Ratio
国家风险	-2.7149	7.9903	0.0047***	-1.497224（4）	0.066
投资区位熟悉度	1.3405	5.0419	0.0247**	0.741453（9）	3.821
市场需求状况	1.4670	3.9458	0.0470**	0.821354（8）	4.336
市场竞争程度	-1.0058	3.7125	0.0540*	-0.567764（10）	0.366
厂商特有 Know-How 的价值	-1.9649	4.3317	0.0374**	-1.100757（6）	0.140
Know-How 的模糊性	1.6906	4.4463	0.0350**	0.940506（7）	5.423
研发密集度	-2.5293	6.9841	0.0084***	-1.546395（3）	0.080
营销密集度	-0.6733	1.5412	0.2144	-0.401398（12）	0.510
厂商规模	0.2351	0.1326	0.7157	0.130183（14）	1.265
国际化经验	0.1928	0.1368	0.7115	0.108190（15）	1.213
进入时机	2.7038	8.1021	0.0044***	1.910194（1）	14.937
产品质量控制能力	0.7498	1.9361	0.1641	0.418382（11）	2.117
	-2LOG L = 63.786（P = 0.0001***）			Concordant = 94.7%	

注：①括号内的数字代表各因素的重要性排名；②* 表示达 0.1 显著水平、** 表示达 0.05 显著水平、*** 表示达 0.01 显著水平。

达 0.01 显著水平（-2LOG L = 63.786，P = 0.0001 < 0.01）且样本的正确区别率达 94.7%，显示此模型的解释能力相当理想。当表中自变项的参数估计值（回归系数）为正时，表示该因素对厂商选择高涉入程度的进入模式有正向影响；反之，则为负向影响。

（1）全球化策略：达 0.01 显著水平，显示当厂商注重全球化策略时，其会倾向实行高涉入程度的进入模式，以期能利用合理化生产与标准化产品获得规模经济，进而降低整体营运成本。

（2）多国导向策略：达 0.01 显著水平，显示当厂商注重多国导向策略时，其会倾向实行高涉入程度的进入模式。究其原因，可能是过去采取低涉入程度进入模式的台商，在营运活动上常受制于大陆合作的厂商，且常有被大陆厂商并吞的情形。是以台商倾向以高涉入程度的进入模式，通过集权控制（Centralization）以掌握对大陆子公司的决策权，再经由授权（Delegation）方式，使大陆子公司在营运上得以弹性灵活，并借由适应不同市场间的差异与提供顾客化产品，进而获得较佳的经营绩效。

（3）全球策略动机：未达显著水平，可能是因为中小企业进入大陆主要着眼于大陆的低成本及广大的市场，故对于攻击全球市场竞争者或寻找全球市场扩张基地等策略动机较不注重。

（4）国家风险：达 0.01 显著水平，显示当厂商所知觉的大陆市场的风险程度越高时，其越倾向实行低涉入程度的进入模式。经由减少资源的投入，进而提高厂商快速适应大陆市场变化的能力与弹性，以避免未知风险所带来的可能损失。

（5）投资区位熟悉度：达 0.05 显著水平，故当厂商对于大陆市场的熟悉度越高时，其会倾向实行高涉入程度的进入模式。这证实了当厂商对于大陆市场的文化与营运方式越熟悉时，因较无适应上的问题，故其敢于在大陆市场投入较多的资源。

（6）市场需求状况：达 0.05 显著水平，显示当厂商认知大陆的市场成长潜力越大时，则其越倾向实行高涉入程度的进入模式。此乃因为当大陆市场的成长潜力越大，对厂商的吸引力也越大，因此厂商也越有意愿投入更多的资源。

（7）市场竞争程度：达 0.1 显著水平，也即当厂商认知大陆市场的竞争程度越激烈，其越倾向实行低涉入程度的进入模式。因为当厂商认知大陆市场的竞争程度越高时，其所须面临的环境不确定性也就越高，为了能迅速反映环境的变化，保持较高的策略弹性，因此厂商大多不愿投入太多的资源。

（8）厂商特有 Know-How 的价值：达 0.05 显著水平，表示当厂商特有 Know-How 的价值越高时，其越倾向实行低涉入程度的进入模式。究其原因，可能是大陆仿冒之风盛行，高知名度的产品常成为不良厂商仿冒的对象，因此台商想借由大陆当地厂商与大陆官方政府的关系，以减少产品被仿冒的情况，故台商会倾向采取与当地厂商合作的低涉入程度的进入模式。

（9）Know-How 的模糊性：达 0.05 显著水平，显示当厂商 Know-How 的模糊性越高时，其越倾向实行高涉入程度的进入模式。因为当厂商 Know-How 的模糊性越高，则其越难将技术知识移转到其他厂商，故其将会倾向于实行高涉入程度的进入模式来确保技术知识的完整性。

（10）研发密集度：达 0.01 显著水平，显示当厂商处于研发密集度越高的产业时，其越倾向实行低涉入程度的进入模式。此现象似乎印证 Phatak 等（1996）的实证结果，也即中国台湾地区中小企业因为技术层次并不高，所以虽处于高研发密集度的产业，但因研发支出而获得的技术大都仅能在短期内有所效益，故厂商不愿意自己投入太多的资金进行研发，而愿意与企业外部的厂商共同出资研发，因而倾向实行低涉入程度的进入模式。

（11）营销密集度：未达显著水平，显示产业的营销密集度不是影响厂商进入模式的重要因素。

（12）厂商规模：未达显著水平，原因可能是样本厂商乃规模较小的小中企业，因此无法由厂商规模变量区分出厂商的进入模式决策。

（13）国际化经验：未达显著水平，显示当厂商的国际化经验越丰富时，并不会显著倾向于实行高涉入程度的进入模式。

（14）进入时机：达 0.01 显著水平，表示当厂商较同业越早进入大陆市场时，其越倾向实行高涉入程度的进入模式。由于早期进入大陆市场的台商，主要着眼于大陆充沛且廉价的劳动力，生产加工出口为其主要的投资动机，而近期进入大陆市场的台商则渐渐倾向于大陆内销市场的开拓。由于合资或合作经营可借由大陆股东对当地市场的熟悉度与对当地政府的影响力以开拓内销市场，且在中国大陆，外商合资企业较外商独资企业享有较大的内销自主权，故近期进入大陆市场的台商会倾向于实行低涉入程度的进入模式。

（15）产品质量控制能力：未达显著水平，显示厂商的产品质量控制能力并不会显著地影响其海外市场进入模式。

由表 4 的"标准化估计值"列中的数字可看出各因素对进入模式影响程度的相对重要性，当因素标准化估计值的绝对值越大，表示其相对重要性越高。表 4 中数据显示，进入时机、全球化策略、研发密集度、国家风险以及多国导向策略分别是影响厂商进入模式较重要的前五项因素。

另外，经由胜率（Odd Ratio）资料则可看出，在各个因素下，厂商实行高涉入程度进入模式为低涉入程度进入模式的倍数。例如全球化策略因素的胜率值为 22.080，此乃表示当厂商具有全球化策略时，其采取高涉入程度的进入模式的概率是采取低涉入程度进入模式概率的 22.080 倍。

4.2 进入模式与经营绩效的关系

本研究首先进行多变量变异数的齐一性（同构型）检验，检验结果未达显著水平。显示就整体而言，本研究的经营绩效指标资料通过"多变量变异数齐一性"的检验，因此以下的变异数分析结果具有相当的可信程度。

经由单因子 MANOVA 与 ANOVA 检验发现（见表 5），各进入模式在"获利率"、"营业额成长率"、"获利率的满意度"以及"营业额成长率的满意度"上达 0.01 的显著水平，而在"经营目标达成的满意度"上达 0.1 的显著水平。

表 5 数据显示，就获利率指标而言，采取多数股权合资的厂商的绩效表现最佳，独资居其后，

表 5 进入模式对经营绩效指标的变异数分析及多重比较检验

绩效指标	各进入模式在各绩效指标上的平均分数					F 值	P 值	Scheff'e 多重比较	Bonferroni 多重比较
	独资	多数股权合资	均等股权合资	少数股权合资	无股权形式				
获利率	3.753	3.875	3.000	2.285	3.187	3.80	0.006***	1–4** 2–4*	1–4** 2–4**
营业额成长率	4.493	3.875	3.000	2.571	3.062	7.28	0.000***	1–4** 1–5**	1–3* 1–4** 1–5**
获利率的满意度	4.304	3.938	3.428	2.571	3.750	3.63	0.008***	1–4**	1–4**
营业额成长率的满意度	4.348	4.063	3.714	2.714	3.625	3.70	0.007***	1–4**	1–4**
经营目标达成的满意度	4.188	3.937	3.571	2.857	3.562	2.45	0.051*	—	1–4*
总绩效分数	0.271	−0.002	−0.504	−1.198	−0.424	—	—	—	—
总排名	1	2	4	5	3	—	—	—	—
Wilks' Lambda = 0.707　　　　　P 值 = 0.009***									

注：* 表示达 0.1 显著水平；** 表示达 0.05 显著水平；*** 表示达 0.01 显著水平。

而少数股权合资的厂商则排在最后。若以多重比较结果来看，独资与多数股权合资的厂商在获利率指标上显著高于少数股权合资的厂商。就营业额成长率的绩效指标而言，独资厂商在此项指标上的表现最好，而少数股权合资的厂商则位居最后。若以多重比较结果来看，独资厂商在营业额成长率上显著高于无股权形式、均等股权合资与少数股权合资的厂商。

就主观绩效指标（获利率的满意度、营业额成长率的满意度与经营目标达成的满意度）而言，独资厂商对于三项主观绩效指标的满意度均最高，而少数股权合资的厂商则最不满意。若以多重比较结果来看，独资厂商在三项主观绩效指标上的满意度均显著高于少数股权合资的厂商。

为求得各个进入模式的总绩效排名，以作为绩效评估的准则，本研究以主成分分析来建构经营绩效的总指标，通过计算各进入模式的平均主成分分数，进而找出各进入模式在绩效上的整体表现（总绩效分数），其结果为：独资＞多数股权合资＞无股权形式＞均等股权合资＞少数股权合资（见表 5 "总绩效分数" 与 "总排名" 栏内的数据）。

4.3　产业环境、厂商特性对经营绩效的影响

4.3.1　产业环境与经营绩效的关系

4.3.1.1　产业环境与经营绩效的典型相关分析

表 6 数据显示，经由典型相关系数与显著性检验结果，产生了两组典型相关变量，其中第一组的 Likelihood Ratio 值为 0.8095，P 值达 0.05 显著水平，且其累积解释变异量达 77.96%，故本研究将以此组典型相关变量来解释产业环境与经营绩效间的关系。

表 6　产业环境与经营绩效的典型相关分析

构　面	组　数	典型相关系数	累积解释变异量（%）	Likelihood Ratio	F 值	P 值
产业环境	1	0.3874	77.96	0.8095	2.3182	0.0132**
	2	0.2180	100	0.9524	1.3107	0.2709

注：** 表示达 0.05 显著水平。

由表 7 可知，第一组典型变量的典型自变量 V1 抽出产业环境变量 68.94% 的变异，通过 W1 可解释经营绩效 58.67% 的总变异，而 V1 及 W1 之间的相关系数为 0.3874。根据 V1 及 W1 的典型系数，可汇整出如图 2 所示典型相关路径。

表 7 产业环境与经营绩效的典型相关变项分析

产业环境构面	典型自变量 V1	经营绩效构面	典型应变量 W1
研发密集度 营销密集度	0.1327 0.9228*	获利率 营业额成长率 获利率的满意度 营业额成长率的满意度 达成预期经营目标的满意度	0.1871 0.4699* −0.0931 0.7489* −0.1366
抽出变异百分比（%） 68.94	—	抽出变异百分比（%） 58.67 ρ（典型相关系数） 0.3874	—

由图 2 可以看出，当厂商处于研发密集度及营销密集度越高的产业时，其在经营绩效指标中的获利率、营业额成长率以及营业额成长率的满意度上会有较佳的表现及评价，但对于获利率的满意度与经营目标达成的满意度却有较差的评价。值得注意的是，处于产业营销密集度越高的厂商，虽然在营业额成长率的主客观绩效指标上，皆有很好的表现，但在获利率的主客观绩效指标上却表现不佳。究其原因，可能是因为厂商投入巨额的营销费用，虽然能提高其产品的营业额，但庞大的营销费用却压低了厂商的获利率。

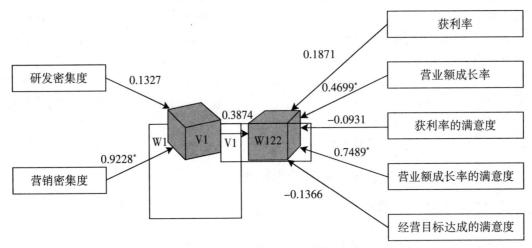

图 2 产业环境与经营绩效的典型相关路径

注：* 表示典型相关因素负荷量绝对值大于 0.40。

4.3.1.2 产业环境与经营绩效的 GLM 回归分析

将产业环境变量分别对五项经营绩效指标作 GLM 回归分析，结果显示：研发密集度与获利率指标达 0.1 的显著水平。由此可知，当厂商处于研发密集度越高的产业时，其会有较佳的获利率表现，然至于营销密集度除与获利率指标未达显著水平外，与其余四项绩效指标均达 0.05 显著水平，可见当厂商处于营销密集度越高的产业时，其会有越佳的经营绩效（获利率除外）。然而就产业的营销密集度与获利率未达显著水平的情况而言，这似乎印证了前述的典型相关分析结果。换言之，或许是庞大的营销费用拉低了厂商的获利率。

4.3.2 厂商特性与经营绩效的关系

4.3.2.1 厂商特性与经营绩效的典型相关分析

经由典型相关系数与显著性检验结果，产生了四组典型相关变量，其中第一组与第二组的 Likelihood Ratio 值分别为 0.6669 与 0.8361，P 值分别达 0.01 及 0.1 的显著水平，且此两组的累积解释变异量达 83.14%，故本研究将以此两组的典型相关变量来解释厂商特性与经营绩效间的关系。第一组典型变量的典型自变量 V1 抽出厂商特性变量 33.77% 的变异，通过 W1 可解释经营绩效 48.82% 的总变异，而 V1 及 W1 之间的相关系数为 0.4498。第二组典型变量的典型自变量 V2 抽出厂商特性变量 19.51% 的变异，通过 W2 可解释经营绩效 15.62% 的总变异，而 V2 及 W2 之间的相关系数为 0.3175。根据 V1 与 W1 以及 V2 与 W2 的典型系数，可汇整出如图 3 所示的典型相关路径图。

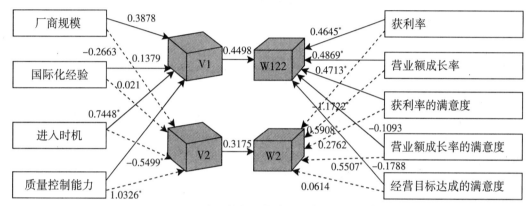

图 3　厂商特性与经营绩效的典型相关路径

注：* 表示典型相关因素负荷量绝对值大于 0.40。

由图 3 可以看出，当厂商相较同业越早进入大陆市场，则在获利率、营业额成长率及获利率的满意度上有较佳的表现。原因可能是较早进入大陆市场的厂商，拥有较多的当地营运经验，对当地市场状况也较易掌握，故在经营绩效上有较佳的表现。至于厂商在产品质量控制能力越强时，在"获利率的满意度"与"营业额成长率的满意度"上有较佳的表现。

4.3.2.2 厂商特性与经营绩效的 GLM 回归分析

将厂商特性变量分别对五项经营绩效指标作 GLM 回归分析，结果显示：厂商规模与营业额成长率及营业额成长率的满意度达显著水平。由此可知，厂商规模越大，因其越有能力去进行市场的扩张，故其在营业额成长率上有较佳的表现与满意度。至于厂商的国际化经验与各项经营绩效指标间的关系均未达显著水平。

进入时机在客观绩效指标的获利率与营业额成长率上均达显著水平，是以越早进入大陆市场的台商在获利率与营业额成长率上有越佳的表现。厂商的产品质量控制能力则分别在三项主观绩效指标上达显著水平，因此产品质量控制能力越高的厂商，在各项主观绩效指标上均有显著较佳的表现。

5　结论与建议

当厂商具有强烈的策略考虑（全球化或多国导向策略）时，应实行高涉入程度的进入模式。就全球化策略而言，高涉入程度的进入模式可使企业执行其生产合理化与全球策略布局，达到规模经济、降低整体营运成本。就多国导向策略而言，高涉入程度的进入模式可避免台商被大陆厂商吞并的风险，通过授权大陆子公司营运决策权的方式，将可使台商适应大陆市场的变化、提供顾客化的产品，进而在大陆市场取得较佳的经营绩效。

厂商拥有高价值的 Know-How，又处于高研发密集度的产业时，以低涉入程度的进入模式赴大陆投资较为适当，如此不但可借由大陆合伙人（股东）与当地政府的关系，防范产品被仿冒，而且又可与合作伙伴共同分担研发费用。

厂商应强化产品质量控制能力，对于潜力大的市场应及早积极部署，抢在同业之前进入，如此将对其在大陆市场的营运绩效产生正面影响。

厂商进入大陆市场以独资及多数股权合资的经营绩效表现最好，而少数股权合资则绩效不彰。由于独资的权责划分清晰，不但可避免纠纷，而且企业独立经营，业务机密不易外泄，故其绩效表现较佳。至于均等及少数股权合资，一则易受当地政府干扰；二则与当地合伙人可能有目标冲突、经营理念不合而影响业务推进；三则又有被当地合伙人吞并的风险，因此绩效常无法达到理想水平。

后续研究可从纵断面的角度探讨造成台商股权变动的因素以及股权变动对经营绩效的影响。

〔参考文献〕

［1］Agarwal S. and Ramaswami N.. Choice of Foreign Market Entry Mode: Impact of Ownership, Location and Internalization Factors ［J］. Journal of International Business Studies, 1992, First Quarter: 47-54.

［2］Anderson E. and Gatignon H.. Mode of Foreign Entry: A Transaction Cost Analysis and Proposition ［J］. Journal of International Business Studies, 1986, Fall: 1-26.

［3］Beamish. P. W.. Joint Venture Performance in Developing Countries ［D］. Ph.D. Dissertation, University of Western Ontario, 1984.

［4］Buckley P. J. and Casson M.. The Future of the Multinational Enterprise ［M］. NY: Holmes and Meier Publishers Inc., 1976.

［5］Caves R. E. and Mehra K.. Entry of Foreign Multinationals into US Manufacturing Industries ［A］. In M. E. Porter (Ed.) Competition in Global Industries (pp.20-38) ［C］. Boston: Havard Business School Press, 1986.

［6］Contractor F. J. and Kundu S. K.. Modal Choice in a World of Alliances: Analyzing Organization Forms in the International Hotels Sector ［J］. Journal of International Business Studies, 1998, 29 (2): 325-358.

［7］Davidson W.H.. The Location of Foreign Direct Investment Activity: Country Characteristics and Experience Effect ［J］. Journal of International Business Studies, 1980, 11 (2): 9-22.

［8］Hagedoorn J. and Narula R.. Choosing Organizational Modes of Strategic Technology Partnering: International and Sectoral Difference ［J］. Journal of International Business Studies, 1996, 27 (2): 265-284.

［9］Hill C.W.L., Hwang P. and Kim W.C.. An Eclectic Theory of the Choice of International Entry Mode ［J］. Strategic Management Journal, 1990 (11): 117-128.

［10］Hoang B.P.. A Causal of Relationships Between Firm Characteristics, International Marketing Strategies, and Export Performance ［J］. Management International Review, Special Issue, 1998 (1).

［11］Kogut B. and Singh H.. The Effect of National Culture on the Choice of Entry Mode ［J］. Journal of International Business Studies, 1988, Fall: 411-432.

［12］Kumar V. and Subramaniam V.. A Contingency Framework for the Mode of Entry Decision ［J］. Journal of International Business Studies, 1997, 32 (1): 53-72.

［13］Link A.L., Bauer L.L.. Cooperative Research in U.S. Manufacturing: Assessing Policy Initiatives and Corporate Strategies ［M］. Lexington, Mass: Lexington Books, 1989.

［14］Luo Y.. Performance Implications of International Strategy ［J］. Group & Organization Management, 1997, 22 (1), March: 87-116.

［15］Luo Y.. Timming of Investment and International Expansion Performance in China ［J］. Journal of International Business Studies, 1998, 29 (2): 391-408.

[16] Minor M., Wu W.Y. and Choi M.K.. A Proposition-Base Approach to International Entry Strategy Contingencies [J]. Journal of Global Marketing, 1991, 4 (3): 69–87.

[17] Nitsch D., Beamish P. and Makino S.. Entry Mode and Performance of Japanese FDI in Western Europe [J]. Management International Review, 1996, 36 (1): 27–43.

[18] Padmanabhan P. and Cho K.R.. Ownsrship Strategy for a Foreign Affilate: An Empirical Investigation of Japanese Firms [J]. Management International Review, 1996, 36 (1).

[19] Pan Y., Li S. and Tse D.K.. The Impact of Order and Model of Market Entry on Profitability and Market Share [J]. Journal of International Business Studies, 1999, 30 (1): 81–103.

[20] Phatak A., Muralodharan R. and Chandran R.. A Study of the Impact of Location Specific and Moderating Factors on the Choice of Entry Mode in Thailand, Malaysiam, and Indonesia [R]. International Joint Venture in East Asia, 1996: 37–53.

[21] Root F.R.. Entry Strategies for International Markets [M]. D.C.: Health and Company, 1987.

[22] Shaver J.M.. Accounting for Endogeneity When Assessing Strategy Performance: Does Entry Mode Choice Affect FDI Survival? [M]. Management Science, 1998, 44 (4), Apring.

[23] Tse D.K., Pan Y. and Au K.Y.. How MNCS Chose Modes and Form Alliances: The China Experience [J]. Journal of International Business Studies, 1997, 28 (4): 779–805.

[24] Weinstein A.K.. Foreign Investment by Service Firms: The Case of Multinational Advertising Agencies [J]. Journal of International Business Studies, 1977, 8, Spring/Summer: 27–35.

[25] Woodcock C.P., Beamish P.W. and Makino S.. Ownership-Based Entry Strategies and International Performances [J]. Journal of International Business Studies, 1994, 25 (2): 253–272.

Research on the Relationship Between Small and Medium-sized Enterprises Entering the Mainland Market and the Business Performance of the Mainland Market in Taiwan

Huizhu Zeng

(Trans World University, Yunlin, Chinese Taiwan, 64041)

Abstract: This study in Chinese Taiwan small and medium-sized manufacturers as the object of empirical study of effect of the mainland market enter mode decision factors and business performance and relationship. The results show that the business strategy, the risk perception of mainland China, the opportunity of entering the mainland market and the R&D intensity of investment industry are the important factors which influence the entry mode of Taiwanese businessmen. The Taiwan businessmen in mainland China perceived risk and investment industry R&D intensity will encourage Taiwanese to low involvement entry mode to go to invest in the mainland market, the rest of the factors tend to encourage Taiwanese to high involvement degree model to enter the mainland market. As in the industrial environment, firm characteristics and entry mode of Taiwanese businessmen in effect, the operating performance and the empirical data show: industrial environment and firm characteristics on business performance has significant influence, and the entry mode between (sole proprietorship, a majority stake in the joint venture, equal equity joint venture, minority stakes in joint venture, and non equity forms) in the five indicators of operation performance (profitability, turnover growth rate, won the satisfaction rate and turnover growth rate of satisfaction, and the management goal satisfaction) exist in significant differences. Overall performance ranking in the order of the sole proprietorship, the majority of equity joint venture, non equity form, equity joint venture, a minority equity joint venture.

Key Words: Small and Medium-sized Manufacturers; Entry Mode; Performance Management

JEL Classification: F21

第 2 辑 　粤 台 商 业 评 论
Guangdong-Taiwan Business Review 　Vol. 2

汕头台资企业发展政策研究

李兰芝　周　攀　何培勇

（汕头大学商学院，广东汕头，515063）

[摘　要] 台资是拉动汕头对外经济的主要动力。2008 年的金融危机对中国实体经济造成很大冲击，特别是对于以出口为导向的广东、浙江等台资企业集聚的东南沿海省份。本文通过逻辑归纳、描写性统计等方法，基于对汕头台资企业的投资动机、特点、规模的归纳，探讨汕头台资企业生产发展困境，剖析相关政策（包括融资渠道、转型升级、政府职能）对汕头台资企业发展的影响。研究结论为，如果要推动汕头台资企业更好发展，通过融资政策的创新与改进，引导企业进行产业转型升级，转变政府职能、强化服务理念等策略以充分发挥地方政策的规范、引导和推动作用，从根本上解决台资企业面临的问题，从而促进汕头台资企业又好又快地发展，为汕头全面建成小康社会做出更大贡献。

[关键词] 台资企业；发展政策；汕头；转型升级

[JEL 分类] L53

1　引　言

1987 年 3 月，汕头成立了第一家台资企业——大发钟表有限公司，截止到 2014 年 5 月，汕头市累计批准注册台资企业多于 630 家，台资企业对汕头的累计投资总额超过 19 亿美元，台资居汕头吸引外资中的第二位，台资成为拉动汕头对外经济的主要动力。2008 年的金融危机使台资企业出现了出口锐减、招工难、企业难以维系等情况。汕头市自 2008 年至今一直面临着融资困难、转型升级等发展困境，融资渠道少、融资不足、招工难、自主研发能力不足、政府扶持力度不足等因素都制约着台资企业的发展。

因此，本文将分三部分进行阐述：①对在汕台资发展现状进行分析；②对在汕台资企业发展困境进行描述；③通过相关政策对台企的影响进而提出完善策略及建议。

2　文献综述

改革开放以来，中国大陆台资企业快速发展，引起了国内外学者的广泛关注和研究兴趣。在对台融资方面，有学者认为台资企业融资渠道单一且困难。林江认为，多数台资企业倾向于向中国台湾地区金融机构和境外资本市场融资，应使融资渠道多元化发展，最大限度地满足融资需

[作者简介] 李兰芝，女，1991 年出生，汉族，汕头大学在读研究生，产业经济学专业，邮箱：14lzli@stu.edu.cn；周攀，男，1992 年出生，汉族，汕头大学在读研究生，产业经济学专业，邮箱：15pzhou@stu.edu.cn；何培勇，男，汉族，汕头大学商学院学生。

求[1]。汪祺臻和陈恩认为台资企业融资困难的背后深层次的原因是金融等其他领域交流合作严重滞后造成的体制性障碍，即台湾地区不开放金融机构赴大陆设立分行，以及台资企业资信不透明和缺乏抵押品。[2-3] 罗传钰、Myers 和 Majluf、Williamson 也从不同方面分析了信贷配给的监管问题。[4-6]

对于台资企业的产业转型，多数学者认为大陆的台资企业需靠转型升级来获取更大的竞争优势。Lavy 和 Merry、Hubert Schmitz、John 和 Hubert 认为转型是改善其竞争能力以及从事更高附加价值的活动。[7-9] Jonathan A.Gardner 在《粤企要打造知识资本》中认为，广东是制造业大省，美国的服装、鞋帽、玩具、工业零配件等好多产品是"广东制造"。广东在未来五年要把重心投入到产业模式转型的过程中，单有产品的量、没有品牌的质是不长远的。要从主要依赖制造业转向自主研发，从而打造自己的知识资本。[10]

陶东亚认为台资企业应更注重向产业链的上下两端发展，寻找在价值链上游的研发、设计，以及下游品牌和营销的创新。[11] 陈筠在以东莞成立的台资企业转型升级服务团为例说明善用优惠政策，是台资企业转型升级之路。[12] 林健峰、陈晓红也认为为升级企业提供更多鼓励措施如科研、设计基金、自主创新投入机制等，可加快升级过程。[13-14] 刘继云还提出政府要将产业转型与自身的转型相结合，坚持有所为，有所不为。[15] 吕月英提出要加强政府行政效率，及时处理台商在投资期间遇到的难题，优化台资企业发展环境。[16]

3　汕头台资企业发展状况

3.1　台资企业的投资情况

随着两岸关系不断地发展和经济全球化进程加快，台资企业在大陆的发展也不断发生变化，由语言和文化习俗相似的珠三角和闽东南等地区转向环渤海地区进而到达中西部地区，形成由南向北、由东向西、由沿海向内陆辐射的全方位发展格局。此外，由于中国台湾地区自身人力成本迅速上涨，土地资源紧张等原因，中国台湾地区企业大多数的劳动密集型产业转移到了拥有廉价劳动力、低制造成本的大陆地区，[19] 对大陆投资规模占其对外投资的比重日趋增加，单就 2010 年和 2011 年来说，比重分别高达 83.81% 和 79.55。[17] 再者，ECFA 签订也不促进了台资企业在大陆发展历程进入到深化阶段。[18] 对汕头而言，廉价劳动力资源和自然资源成为了吸引台商的重要条件。20 世纪 90 年代以后，台资投资布局劳动密集型产业的同时，开始涉足高科技产业。产业结构趋向合理，并与汕头培育的支柱产业相吻合。汕头地方政府陆续出台了一系列台商优惠政策，主要有：汕头在潮南新规划了台商投资区，实行了对台试点直航口岸和争取南澳对澎湖的小三通，对台资产生了极大的诱惑。

3.2　汕头台企的规模与分布情况

汕头市是台商最早投资大陆的区域之一，是广东省内台资企业的主要集中地之一。汕头市委、市政府一直高度重视对台工作，汕头的制造加工产业是台商投资的主要对象，宽松的政策环境、廉价的劳动力和港口优势等有利条件吸引了台商的资金投入。2004~2013 年汕头市吸引台资相关数据如表 1 所示。2012~2013 年汕头市主要工业产值如表 2 所示。

表 1　2004~2013 年汕头市吸引台资相关数据

年　份	新签项目数（宗）	实际吸引外资（万美元）
2004	7	300
2005	6	363

年 份	新签项目数（宗）	实际吸引外资（万美元）
2006	5	434
2007	2	433
2008	2	620
2009	2	1873
2010	5	2637
2011	2	323
2012	1	169
2013	1	175

资料来源：汕头市统计信息网《汕头市统计年鉴》（2005~2014）。

表2　2012~2013年汕头市主要工业产值

各行业名称	2013年主要工业总产值（亿元）	比上年增长（%）
合计	2481.8	17.5
农副食品加工业	93.8	34.8
纺织服装、服饰业	414.7	19.6
印刷和记录媒介复制业	103.1	11.5
文教、工美、体育和娱乐用品制造业	339.2	30.3
化学原料制造业	152.4	15.5
橡胶和塑料制造业	283.3	13.8
电力、热力生产和供应业	288	11.2

资料来源：汕头市统计信息网《汕头市统计年鉴》（2013~2014）。

根据汕头市台办的资料和调查显示，汕头台资企业生产经营的产品大约有80%集中在轻工化工、服装、工艺品等，可见汕头台资企业主要集中在劳动密集型的加工产业。虽然近几年台商在汕头投资逐渐转向了电子、通信设备、房地产等产业，但总体来看，台商大多台资劳动密集型行业，仍然以加工制造为主。[20]

汕头台资企业分布在30多个行业，造成产业的集群度低，未能形成规模效应。近三年台资企业新增缓慢，增资扩产的企业数量少，新签项目减少，实际吸引台资严重不足。因此，改善汕头地区台资企业发展政策迫在眉睫。

3.3　汕头台企的发展困境

3.3.1　融资困难

融资困难主要体现在以下几个方面：

（1）融资成本相对较高。除了知名的台资大企业外，国内商业银行对中小台资企业的实际运营状况、盈利水平了解十分有限，加上中小企业的贷款额比较小，银行通常会设定较高的融资利率来赚取较高的利润。

（2）融资准入门槛高。大多数台资企业为中小企业，规模小、担保抵押难、贷款风险高，加上经营管理水平低，银行对企业还款信任度不足使之在融资市场很难筹得所需资金。

（3）国内商业银行对中小企业贷款融资重视不够。国内商业银行看重大型成熟的优质企业的融资贷款，把年营业额3000万美元以上的企业看成重点的营销对象，而对于年营业额在1000万美元以下的中小企业并不关注，以至于部分台资中小企业更难得到贷款，资金周转不灵以至于最终破产。

（4）两岸政策造成台商融资障碍。[21] 根据《台湾地区与大陆地区金融业务往来许可办法》的规定，岛内银行 OBU 的授信对象仅限于经许可的大陆台资企业。未经许可赴大陆投资的台资企业，除非设有境外公司，以境外公司名义向 OBU 申请贷款，否则无法从 OBU 获得资金支持。[22] 因此，大量未通过正式渠道赴大陆投资的台商中小企业无法利用 OBU 进行融资。

3.3.2 转型升级

在汕台资企业在转型升级发展过程中主要存在以下问题：

（1）创建自主品牌困难。汕头台资企业大多数以劳动密集型为主，根据汕头市台办的资料和调查显示，汕头台资企业生产经营的产品大约 80% 集中在轻工化工、服装、工艺品等，企业大部分研发能力较低，一些台资企业延续着"台湾设计、大陆生产"的分工模式。

（2）汕头台资企业主要是加工制造，大多数台资企业的研发创新能力不足，能推动主导产业转型升级的研发机构和核心技术相对薄弱，企业在产业链低端徘徊，难以向产业链高端进升。

（3）招工难。当前，汕头台资企业中尤其是中小型企业普遍出现招工难情况。即使招进了工人，但工人留不住，他们一般在企业工作一年半载就另谋发展，很难拥有一批稳定的工人。

3.3.3 政府职能转换

汕头各政府部门之间职权不专、事权不明，行政效率不高，行政审批不规范，没有专门的部门对汕头台资企业进行有效的引导和监督，对台商投资服务效率低下，无法及时受理台商在汕头投资期间的求助和投诉，以至于台资企业无法更好更快地发展。

2008 年 12 月颁布的《十大措施支持大陆台企》，2012 年 6 月汕头地方政府和广东省政府签订的《汕头粤台金融合作实验工作责任书》，2013 年 8 月广东省办公厅印发的《广东省人民政府办公厅关于进一步深化粤台经贸合作和支持台资企业转型升级的意见》，虽然让在陆台商感受到政府诚意，即政策倾斜、财政扶持，让台商在大陆能更好更快地发展，但执行力度不足，效果不明显，加上地方政府以 GDP 为指标，使很多劳动密集型的企业重复开建，过低的门槛要求使产业的结构调整不科学，阻碍了汕头经济更好更快发展。

4 相关政策对汕头台资企业发展的影响

4.1 国家和广东省对台资企业优惠政策

随着台商进入中国大陆，相关扶持台企的政策如表 3 所示。

表 3 国家和广东省的惠台政策

年　份	落实政策
1994	全国人大通过并实施《中华人民共和国台湾同胞投资保护法》
2003	广东省实施《中华人民共和国台湾同胞投资保护法》办法——保护台商投资
2005	台资企业国家开发银行贷款暂行办法
2006	国务院发布 15 项政策措施促进两岸交流合作惠及台湾同胞
2008	国务院《十项措施支持大陆台企》——拓宽贷款途径、加大贷款力度、引导台资企业产业升级、简化进出口手续等条例
2009	国务院、国台办宣布八项惠台新措施
2009	广东省人民政府印发《广东省支持港澳台资企业应对国际金融危机和加快转型升级若干政策措施的通知》
2012	签订了《海峡两岸经济合作框架协议》——改善在粤台商投资营商环境，促进在服务业、高技术产业、新兴产业等领域进行企业的结构深化调整、转型升级

年 份	落实政策
2013	国务院台办宣布 31 项对台惠民新政策措施
2013	广东省人民政府发布《关于进一步深化粤台经贸合作和支持台资企业转型升级的意见》——金融合作与科技创新

资料来源：根据广东省人民政府门户网站整理。

4.2 汕头对台资企业优惠政策

由于汕头台资企业面临融资渠道不灵活、人力生产成本不断上升等问题，汕头人民政府于 2011 年 9 月出台了《汕头经济特区台湾同胞投资保障条例》来提供优惠政策，减免税收，提供资金支持等。汕头台湾事务局于 2014 年 5 月出台《关于进一步深化汕台经贸合作和支持台资企业转型升级的实施意见》。汕头政府采取转变政府职能，减免部分费用和税收、拓宽贷款途径等措施来推动企业转型升级。汕头政府对台资企业政策如表 4 所示。

表 4 汕头政府对台资企业政策

汕头政府政策	细 则
对台资企业融资政策	1. 鼓励、支持银行业金融机构为台资企业办理以中国台湾地区金融机构、企业及个人为担保主体的"外保内贷"融资业务 2. 推进汕头中小企业"增信融通"计划实施，鼓励台资企业加入该计划，鼓励金融机构向合格企业提供高效的金融服务 3. 鼓励中国台湾地区金融机构或汕台合资金融机构在汕头设立中小企业专营机构来增强对台资中小型企业金融服务能力 4. 落实《两岸金融监管合作谅解备忘录》，推动两岸金融合作相关政策在汕头先行先试，鼓励台资金融机构和台资企业参与汕头华侨经济文化合作试验区建设
汕头台资企业转型升级政策	1. 支持台资企业拓展境内外市场 2. 鼓励台资企业扩大投资规模，在汕头设立总部机构 3. 支持台资企业科技创新，台商投资建设并经认定的国家级技术中心、工程技术研究中心，免征其进口规定范围内科研用品的关税和进口增值税 4. 鼓励引进和使用成果突出的高层次人才、创新创业型人才，台资企业引进人才符合《汕头市 2012~2013 年度企业紧缺人才专业目录》所列的紧缺人才，可作为汕头市人才引进工作重点，并享受相关优惠政策
强化服务理念	1. 加大力度推进涉台园区的建设和招商，加快推进规划建设华侨经济文化合作试验区 2. 加强与台商和市台商协会的沟通联系，定期组织台商进行座谈，向台商宣传有关政策法规、产业投向、优惠条件等，并在台商投资项目立项、报批、工商注册等办证方面提供协助

资料来源：根据汕头市人民政府门户网站整理。

这些政策大大鼓舞和坚定了台商的信心，保护台商在汕头投资的权益。可以有效地解决台资企业的融资和信贷问题，推动台资企业的转型升级。近段时间，海霸王集团、天阳模具等台湾著名企业在汕头扩大投资规模，可见他们对在汕头发展企业的前景充满信心。天阳模具公司负责人介绍，"近年来，国家对台政策非常得民心，这让我们台资企业吃了'定心丸'。汕头与台湾地缘相近，人缘相亲，商缘相通，与粤东其他城市相比对人才的吸引力更大，这也是我们定下心来在汕头发展的原因之一。"广东远东国兰有限公司董事长陈少敏也表示"很多台资企业都看好汕头。"[23]

4.3 ECFA 签订对台资在粤投资的影响

2010 年 6 月，《两岸经济合作框架协议》在重庆签署，本着平等互惠、循序渐进的原则，减少或消除彼此间的贸易障碍，致力于创造一个相对公平的投资环境。海峡两岸经济合作框架协议

（ECFA）的签订具有划时代意义。自2010年 ECFA 的签订以来取得成效如表5所示。

表5　2010~2013年粤台贸易数据

年　份	粤台贸易总额		粤对台出口		台对粤出口	
	金额（亿美元）	同比情况（%）	金额（亿美元）	同比情况（%）	金额（亿美元）	同比情况（%）
2013	752.71	28.38	80.61	11.02	672.10	30.83
2012	586.32	12.03	72.61	-3.06	513.71	14.55
2011	523.35	5.48	74.90	29.76	448.45	2.29
2010	496.15	28.59	57.72	42.91	438.43	26.92

资料来源：广东统计信息网《广东统计年鉴》（2009~2014）。

　　由表5可以看出，近几年广东省对台进出口贸易总额大幅上升，2013年全年对台进出口贸易总额达到752.71亿美元，较2012年增长了28.37%，进入两岸经济合作时代后，粤台在台资合作上也逐步增强。

　　由表6可以看出，近几年广东台资企业新增缓慢，增资扩产的企业数量不多，新投资项目很不稳定，2012年下降了41.6%。近几年实际吸引台资严重不足，有衰退趋势，对台招商引资仍有很大提升空间。

表6　2010~2013年广东省吸收台资数据

年　份	投资项目数	同比情况（%）	金额协议利用台资（万美元）	实际利用台资（万美元）	同比情况（%）
2013	244	11.4	51054	12324	-46.8
2012	219	-41.6	55718	23165	13.3
2011	375	15.0	58232	20443	-16.7
2010	326	28.3	29271	24543	-3.9

资料来源：广东统计信息网《广东统计年鉴》（2011~2014）。

5　完善汕头台资企业发展政策的建议

5.1　融资政策的创新与改进

5.1.1　深化汕头金融合作

　　截止到2012年底，汕头市共有金融机构81家，其中银行机构19家，保险机构32家，证券、期货机构30家，但当前这些金融机构中，仅建设银行和工商银行与中国台湾地区部分银行存在业务合作，可以说汕头目前还没有正式的台资金融机构，而2012年9月东莞第一家台资银行玉山银行东莞分行正式营业，对汕头来说，在建设粤台经贸合作试验区上，吸引台资金融机构落户面临着很大的竞争压力，对此，有以下措施：

　　（1）积极推动汕台征信业务的交流，加强企业资信信息共享，有利于商业银行台资企业信息系统的更新和完善，可以更加有效地解决地方银行与台商企业信息不对称的问题。

　　（2）加快推进汕台跨境人民币结算业务，减少换汇成本，同时保持货币供应量的稳定。

　　（3）多渠道多方式引进具有台资背景的金融机构，同时可以由大陆金融机构和台湾金融机构合资成立担保公司，为台资中小企业提供贷款担保，也可以让金融机构开发并推广台商在台资产"异地抵押"贷款业务。此外，鼓励扶持台资企业进入中小板和创业板市场融资，发展股权投资资金，大力推动台资企业直接参与融资。

5.1.2 加强金融监管合作

在 ECFA 签订后，两岸金融机构合作的广度和深度不断扩大，监管的范围会不断扩大，金融监管的难度也会大大增加，加上两岸的金融机构在金融监管措施、立法上存在很大区别，因此在实际运行中难免会有差异，产生矛盾。因此，两地金融机构在合作交流的同时也必须加强金融监管，以创建良好的金融监管体系。[24]

在建立监督机制时要着重从以下几点着手：

（1）两地监督机构要通过协商制定针对性的监管细则，两地监管当局都应拥有自己灵活的监管自主权，加大对跨区域金融机构的监管力度，密切关注金融机构借融渠道的资金动向，防止外汇黑市、地下钱庄等违法行为的发生，来降低融资风险。

（2）尽快建立金融市场准入、退出管理制度。台资企业在汕头共超过 630 家，有很大的融资需求，后续将会有更多的如商业银行、证券金融等金融机构落户汕头。为了避免有些地方政府"达到任职期内业绩"而降低国际金融机构市场准入的门槛，有必要提前设计出高效的矛盾争端解决机制，例如两地可设立专门的争端解决机构以关注企业的融资情况。制定科学的调解程序，设立有效的保障机制，建立仲裁裁决监督执行机构，以便于争端能够更好地解决，有利于台资企业更好地发展。

5.2 促进企业进行转型升级

5.2.1 推进汕头经贸合作试验区

地方政府要根据上级政府的总体政策，结合自身地区的实际情况灵活做出调整、深化，与时俱进，出台各项具有可操作性的细则，例如两地投资合作的重点应放在电子、通信设备这种技术含量较高的产业上，大力提供资金支持以扶持重点产业的结构调整和转型升级，并提升它们的国际竞争力；引进包括新能源、节能环保等在内的各种新兴产业。依托汕头商贸示范区的优势，大力引进台资企业与相关金融机构，推动台资企业转型升级。抓住国家产业转移的政策支持机会，对污染严重的企业进行劝说、改进、鼓励和引导。同时在技术能力、融资渠道方面给予大力支持，帮助企业更好地完成改造升级。[25]

5.2.2 加强各层次人才培养

近几年汕头地区生活成本逐渐加大，民工的各项生活开销加大，导致民工资源流向生活成本较低的地区，造成"民工荒"，尽管广东省连续几年上调基本工资，但"民工荒"现象还是层出不穷；另一个问题是由于汕头高等院校和研究机构较少，高端人才储备弱，缺乏各种高素质人才。因此建议汕头政府采取以下措施：①利用靠近珠三角地区的优势，鼓励台资企业通过校企合作和两地合作办学以解决当前的中低端人才过剩以及高端人才缺乏问题。同时，鼓励引导高校、研究所科研机构的高新技术转为企业的产业化经营产品，提高产业产品的技术含量。②注重培养大中专人才的实际技能，使他们尽快适应工作，提高工作效率。③政府加强对基层工人的基本技术培养与训练，提供在职进修与深造的机会，提高他们的工资待遇，减少基层工人的流动。

5.3 转换政府职能

5.3.1 建立争端解决机制

该机制应具备以下两点职能——协调职能和政策职能。协调职能：建立正规的争端解决机制，制定科学有效的调解程序，在企业与金融机构产生融资贷款等矛盾时，根据当前台资企业实际发展形势做出及时调整，与时俱进来满足台资企业发展的需求，让企业更好更快地发展。政策职能：立足于汕头台资企业当前的发展情况，放眼未来的政府发展规划，可以通过调研的方式来研究台资行业发展方向和当前面临的困境，进而对台资企业的政策法规提出改善性意见。

另外，建立台资企业管理委员会。虽然汕头市设有广东省汕头市台资企业协会，但意义不大，统筹管理力度不足。目前中国尚无一个可以统筹全局的管理台资企业的部门，不能有效地管理台资企业。[25] 在新形势下，加快地方政府职能从"管制型"转向"服务型"，各级政府要从要求企业要做什么到服务企业去做什么——台资企业管理委员会就是一个很好的设想。建立台资企业管理委员会有利于对各项发展政策进行统筹调研、分析、制定和监督，同时有利于有效地解决台资企业与金融机构的争端。

5.3.2 提高服务意识

主要措施有：①设立台商服务中心，对台资企业实行"一站式"的服务管理，协调各方面力量做好台资企业的服务工作。建立信息反馈处理机制，受理处理台资企业的投诉和劳资纠纷，为他们的发展提供快捷有效的服务。切实维护它们的合法权益。②凭借近珠三角地区的人才优势，定期在汕头人才市场召开台资企业专场招聘会。搭建台资企业与劳动者的劳动力供需平台。由政府引导，引进各种培训机构来对企业员工进行技术培训，为他们提供进修机会，满足企业用工需求。③加强对台资企业的审批服务，简化行政审批手续，放宽中国台湾地区人民办理台胞证、签注、换发驾驶证等相关事项，并减免费用，来提高政府的服务质量。

〔参考文献〕

［1］林江，刘勇平. 广东台资企业的融资困境与解决之道［J］. 亚太经济，2012（5）.

［2］汪祺臻. 论改进台资企业的融资服务［J］. 福建金融，2009（9）.

［3］陈恩. 台商在大陆融资策略管窥［J］. 特区经济，2006（2）.

［4］罗传钰. 金融危机后我国金融消费者保护体系的构建——兼议金融消费者与金融投资者的关系［J］. 学术论坛，2011（2）.

［5］Myers S. and Majluf N.. Corporate Financing and Investment Decisions When Firms Have Information Investors Do Not Have［J］. Journal of Financial Economics，1984（13）.

［6］Williamson S. D.. Costly Monitoring，Financial Intermediation and Equilibrium Credit Rationing ［J］. Journal of Monetary Economics，1986（9）.

［7］Layy A. & Merry U.. Organizational Transformation ［M］. NY：Praeger Publisher，1986.

［8］Hubert Schmitz. Global Competition and Local Cooperation：Success and Failure in the Sinos Valley，Brazil［J］. World Development，1999（9）.

［9］John Humphrey，Hubert Schmitz. How Does Insertion in Global Value Chains Affect Upgrading in Industrial Clusters？［J］. Regional Studies，2002，36（9）.

［10］［美］乔纳森·加德纳（Jonathan A.Gardner）. 粤企要打造知识资本 ［N］. 南方日报，2011-10-27，A06.

［11］陶东亚. 台资企业在大陆新经济环境下的转型升级［J］. 企业导报，2010（9）.

［12］陈筠. 善用优惠政策：台资企业的转型升级之路［J］. 两岸关注，2009（8）.

［13］林健峰. 政府应扶持玩企转型升级［J］. 中外玩具制造，2008（5）.

［14］陈晓红. 中小企业融资创新与信用担保 ［M］. 北京：中国人民大学出版社，2003.

［15］刘继云. 地方政府推进产业升级转型——以东莞为例［J］. 经济与管理研究，2009（3）.

［16］吕月英. 政府在民营企业转型过程中的作用［J］. 中共山西省党校学报，2006，29（5）.

［17］郭利田. 台资企业祖国大陆投资及区位选择研究 ［D］. 天津：南开大学博士学位论文，2013.

［18］陈晓东. 大陆台资企业的区域集群与竞争优势研究 ［D］. 厦门：厦门大学博士学位论文，2009.

［19］2010年度对海外投资事业营运状况调查分析报告［R］. 中华经济研究院，2010.

［20］徐宗玲，王聪. 汕头台资企业产品结构以及投资导向分析［R］. 汕头市台港澳经济研究会，2004.

［21］单玉丽. 台资中小企业在大陆的融资模式、瓶颈与对策［J］. 福建论坛，2012（11）.

［22］邓利娟，陈巧君. 新形势下台资企业融资问题再思考［J］. 中共福建省委党校学报，2013（1）.

[23] 李敏. 台资企业看好汕头发展前景　纷纷增资扩产 [N]. 汕头日报，http：//st.southcn.com/s/2014-08/25/content_107240347.htm.

[24] 谢八妹. 后 ECFA 时期闽台金融合作的机遇、挑战与路径 [J]. 长江大学学报，2012，22（5）.

[25] 秦龙. 昆山台资企业发展政策研究 [D]. 杨陵：西北农林科技大学硕士学位论文，2013.

[26] 林炳华. 粤台经贸合作试验区的金融服务配套措施研究 [R]. 汕头市人民政府金融工作局，2014.

[27] 胡少东，徐宗玲. 粤台商业评论 [M]. 北京：经济管理出版社，2014.

[28] 胡少东. 区域制度环境与台商投资大陆区位选择 [J]. 台湾研究集刊，2010（10）.

[29] 广东省统计局. 广东统计年鉴 [M]. 北京：中国统计出版社，2011-2014.

[30] 汕头市统计信息网. 汕头市统计年鉴 [EB/OL]. http：//sttj.shantou.gov.cn/，2005-2014.

Development Policy Research of Taiwan-funded Enterprises in Shantou

Lanzhi Li, *Pan Zhou*, *Peiyong He*

(Shantou University Business School, Shantou, Guangdong, 515063)

Abstract：Taiwan-funded enterprises is one of the major motivation of Shantou exportation economy. The financial crisis in 2008 had a great impact on China's material economy, particularly for those exported-oriented provinces located in southeast coast, such as Guangdong and Zhejiang, which gather large amounts of Taiwan-funded enterprises. By means of literature review, logical induction and descriptive statistics, based on the investment motive, characteristics, scale induction for Taiwan-funded enterprises, the study explores thoroughly the difficulties of the Taiwan-funded enterprises development, analyses the impact of some relevant policies (including financing channels, upgrading in transformation and change of the governmental functions) for the development of Taiwan-funded enterprises in Shantou. By conducting the research, this paper put forward the following strategies for the purpose of the better development of Taiwan-funded enterprises in Shantou：the innovation and improvement of the financing policy, the guidance of enterprises'upgrading in transformation, the change of the government function and the growing awareness of governmental services. The above strategies should be put into effect so that the policy could be fully utilized to regulate, guide and promote the development of Taiwan-funded enterprises, which will radically solve the dilemma the Taiwan-funded enterprises faced with. These Taiwan-funded enterprises will eventually be benefited from the policy and keep developing rapidly, which makes a great contribution to the building of a well-off society in a all-around way.

Key Words：Taiwan-funded Enterprise；Development Policy；Shantou；Upgrading in Transformation

JEL Classification：L53

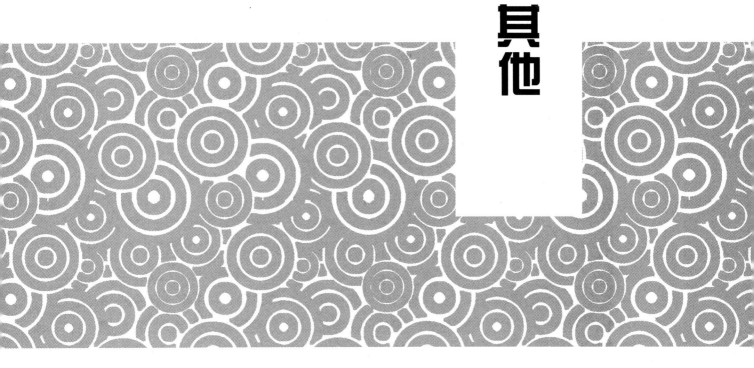

其他

创业团队研究前沿：特征、前因与后果

陈 戈 汪 林

（汕头大学商学院，广东汕头，515063；中山大学岭南学院，广东广州，510275）

[摘 要] 随着创业研究方兴未艾，人们越来越意识到创业团队而不是创业者个体深刻影响着新创企业的运作乃至绩效。早期创业团队研究普遍沿袭了战略管理范畴的高阶理论视角，试图探寻人口统计学特征异质性等创业团队特征与新创企业绩效的关系。最近十多年来，学者们逐渐超越了原有的研究范式，开始关注一些影响创业绩效的深层次团队因素。本文回顾与评述了近十年来创业团队研究的主要国际文献，梳理了创业团队的定义、形成与情境化特征，总结了诸如创业团队先前经历、社会资本等影响团队绩效前因及其所导致的绩效后果，最后，为后续研究的发展提供一些建议。

[关键词] 创业团队；先前经历；社会资本；创业绩效

[JEL 分类] M13

1 引 言

虽然成功创业的光环往往落在创业者个人身上，事实上，创业公司更多是由创业团队，而不是创业者个人所运营的。万事开头难，既要学习在动荡复杂的内外部环境下管理企业，还要在各种生存压力下在市场中站稳脚跟，这些都是新创企业面临的主要挑战，这也意味着新创企业与成熟企业的经营管理截然不同，使团队成为创业过程中的一个关键因素。正如创业团队的最初决定对公司的后续发展有着深远的影响，[1] 创业团队的特征、构成与运作对新创企业的生存与发展起到了相当深刻且复杂的作用。

虽然创业团队研究方兴未艾，该领域的研究总体较为零散，尚未形成完整的研究体系。因此，我们需要系统梳理创业团队研究近十年的国际文献，把握当前创业团队研究的前沿动态，特别是关于创业团队独特特征、前因变量与后果变量的实证研究，为后续研究的发展提供一些针对性建议。

[基金项目] 国家社会科学基金项目"基于权变视角的个体网店创业团队特征与创业团队非正式治理研究"（14BGL018）（项目负责人陈戈）；广东省人文社会科学重点研究基地汕头大学粤台企业合作研究院开放基金项目"基于动态管理能力的粤台企业竞争优势研究"（项目负责人汪林）。

[作者简介] 陈戈，男，1978 年出生，广东省汕头市人，汕头大学副教授，中山大学管理学博士，主要从事创业创新与人力资源管理研究，E-mail: gechen@stu.edu.cn；汪林，男，1982 年出生，安徽省桐城市人，中山大学岭南学院副教授，中山大学管理学博士，主要从事组织行为与战略管理研究；E-mail: wangl83@mail.sysu.edu.cn。

2 创业团队的特征

2.1 创业团队的定义

创业团队的早期定义普遍聚焦在"团队成员是否对公司有直接投资",换言之,如果某个人直接投资了新创企业,那么这个人就是创业团队成员。Cooney明确提出,创业团队是由两个或两个以上,对新创公司持有明确的盈利目的,并积极参与到公司发展的个人所构成。[2] 这一定义衍生出两个问题:一方面,仅仅将创业成员限定在新创企业的财务投资者,势必排除了那些没有公司股份,却在公司里面起到关键作用的个人,这显然是不大合理的;另一方面,如果将涉及公司发展的所有人都包括在创业团队里面,则会产生另外一个问题,那些平时对公司不管不问的股东算不算创业团队成员?基于以上考量,有些研究将创业团队定义为"负责新创公司的战略决策,并参与公司实质运作的两人或两人以上所构成的群体"。由此,创业团队成员就是那些参与新创公司的战略设计与实施,设定公司愿景,获取战略资源,招募核心员工等重要业务的人士。

从这一定义看,创业团队与高管团队的内涵与外延是相当接近的。创业团队与高管团队的微妙差异在于:其一,在现有研究中,高管团队已经被赋予了明确的内涵。比如,在大公司里面担任具体职能的管理者(如财务总监等),而创业团队一般缺乏明确具体的工作范畴,他们经常涉足几乎所有的职能领域。其二,一般来说,创业团队是自发形成的,高管团队由董事会所任命,带有法定强制的意味。

创业团队不仅需要适应与应对外部环境的变化,而且还要做好内部经营管理工作。因此,创业团队担负着繁重且复杂的工作任务,这既来源于创业本身就是一件新奇的,没有多少结构性可言的工作,[3] 也来源于公司成立历史较短,尚未形成可靠的惯例与程序。所以,创业团队需要在人力资源(如经验、知识、技巧与能力)方面具有相当的异质性,也需要在人力资源具备一定同质性以便有效协作,将两者有机结合起来,才能更好地经营企业。

2.2 创业团队的形成

创业团队的形成大致可以分为两种情形:由一个人发现某个创业机会后,带动其他人来共同开发,即创业团队在个人创业伊始逐步形成;由两三个人在日常互动过程中共同发现的创业机会所激发,具体来说,团队是在一个偶发事件所触发创业机会的识别与探索过程中逐渐形成的。总之,创业团队往往在正式商业运作之前已经形成了。创业团队在创业机会的识别、评估与开发过程中的互动是创业团队运作的关键。[4]

研究显示,相对于个体创业者,创业团队具有更多竞争优势。首先,创业团队拥有更多的人力资本与社会资本,可用于应对不确定性极高的内外部环境。[5] 其次,在新创企业中,高管团队相对于经理人个体对公司绩效具有更大的影响。[3] 最后,风险投资公司一般不会考虑个体创业者所提出的创业方案,只会考虑那些团队形式提出的创业方案,因为团队创业的绩效记录更出色。[6]总之,创业团队是影响创业运作乃至绩效的关键因素之一。

2.3 创业团队的情境化

一般而言,公司所处的外部环境对公司绩效有一个直接的影响。后续研究发现,在稳定的外部环境下,异质性创业团队的绩效表现较差。其原因在于,在稳定的外部环境下,团队的快速反应至关重要,这就对团队沟通提出了很高的要求,而异质性团队本身并不擅长沟通;在动态的外部环境下,异质性创业团队的绩效表现更好,这是因为异质性团队善于考虑多种行动的可能性,以此应对环境的不确定性。总之，外部环境对绩效的影响取决于团队如何应对环境，特别是团队构成（异质性与同质性）影响着团队应对环境的方式。[7]

为什么新创企业所处环境会对创业团队运作产生显著影响？原因有三：首先，在新创企业中，领导是其他管理因素难以替代的，创业团队必须带领公司经历一系列创业过程。[8] 其次，新创企业所处的环境具有强烈的"弱社会情境"（Weak Social Situations）特征，即企业内部尚未形成关于"什么是恰当行为"的组织惯例。因此，创业团队在运营企业的同时，也在塑造着公司规则、做事程序与企业文化等。最后，相对于其他管理团队，创业团队拥有巨大的管理自主权与广泛的职能控制权，必然会对公司成长产生深远影响，以至于在团队解散之后仍然产生深远的影响。[9] 总之，创业团队所处的环境明显区别于成熟公司的高管团队，也不同于其他低层级的组织团队（如项目团队与虚拟团队等），相关研究必须考虑创业团队的情境化因素。

3 创业团队的前因

沿袭战略管理范畴的高阶理论视角，创业团队研究考察了人口统计学特征、团队构成、先前经历与社会联系等团队前因对创业绩效的影响，并试图挖掘出成功创业团队的主要影响因素。研究显示，创业背景与行业背景都无法完全预测组织绩效，创业团队特征能够部分预测组织绩效。[10]

3.1 创业团队的先前经历

创业团队成员所拥有的先前经历是创业团队研究的热点之一。创业团队的先前经验通过一系列概念加以定义与操作化，比如团队成员的教育水平、专业化、职能背景、先前公司联系、教育声誉、先前成功经历等。

一般来说，创业成员是个体创业者的朋友、亲戚与同事，他们往往拥有相似背景或共同经历。因此，团队成员的人力资本与社会资本高度相似是非常普遍的创业现象。经历或经验的同质性对创业绩效产生了多种影响：一方面，高度相似的先前经历有利于创业团队做出快速一致的战略决策，这对处于动荡复杂的行业环境中的新创企业非常重要。[11] 另一方面，高度相似的先前经历很可能束缚创新性战略决策。有研究发现，那些具有相同公司联系的创业团队成员倾向于采用开发式战略行为，那些具有差异化公司联系的创业团队成员倾向于采用探索式战略行为。[12]

先前的职能经验同样影响着新创公司的绩效。早期研究显示，当团队成员的职能经验与公司竞争战略一致时，公司的绩效表现是最佳的。比如，在公司实施市场细分化战略情况下，市场营销经验能够带来最好的公司绩效；在公司实施科技细分化战略情况下，技术研发经验能够带来最好的公司绩效。后续研究发现，即便创业团队特征与公司绩效不存在相关性，在创业团队成员的职能经验（如行业经验、营销经验、财务经验与创业经验）与公司战略类型相匹配的情况下，公司绩效是最佳的。[13]

先前经验的异质性也是创业研究的热门话题之一。有研究发现，创业团队的教育异质性与团队成员的工作满意度显著正相关，与团队感知的组织有效性不存在显著性关系。Amason 等发现，团队成员先前经验的异质性（教育水平、教育专业化与职能背景）并不会对公司绩效产生直接作用，产品与服务供给的新奇性是影响团队先前经验异质性与公司绩效的一个调节变量，即产品与服务供给的新奇性越强，团队先前经验异质性越是抑制公司绩效。[3] Hmieleski 和 Ensley 的研究显示，团队成员先前经验异质性（职能背景、教育水平与教育专业和管理技巧）与公司绩效存在微妙的关系：在动态的行业环境下，由指令性领导所带领的异质性创业团队能够取得更好的公司绩效；在动态的行业环境下，由授权性领导所带领的同质性创业团队能够取得更好的公司绩效；在稳定的行业环境下，由授权性领导所带领的异质性创业团队能够取得更好的公司绩效；在稳定的行业环境下，由指令性领导所带领的同质性创业团队能够取得更好的公司绩效。[10] Ensley 和 Hmieleski 发现，与独立的创业公司相比，以大学为基地的创业公司包含了很多同质性的团队成员，公司绩效（表现在净现金流量与收入增长）较差。这一结果表明，对于独立公司而言，创业团队异质性与公司绩效显著正相关，对于以大学为基地的创业公司而言，创业团队异质性与公司绩效的关系并不显著。[14]

3.2 创业团队的社会资本

创业团队成员不仅将个人经验带进了新创企业中，而且他们所拥有的社会网络在创业机会识别与把握过程中也起到了重要的作用。从创业机会识别的角度来说，广泛的商业联系必不可少，因为这些社会网络提供了大量的商业信息，将这些信息创造性组合起来，往往就是一个可遇不可求的创业良机；[15] 从创业机会把握的角度来说，在企业成立之后，与拥有相关商业知识的亲戚朋友保持密切联系非常重要。[16] 在公司起步阶段，亲戚朋友会义不容辞地提供商业建议、财务支持与关键性人力投入，而这些帮助对于那些尚未形成成熟系统与流程，却不得不面对动荡环境的新创公司至关重要。

有研究发现，相对于创业团队内部的团队合作能力，创业团队的社会网络对新创企业的绩效影响更大，其中，与拥有关键资源的合作伙伴的社会联系尤为重要。[17] Vissa 和 Chacar 发现，创业团队的社会资本与公司绩效显著正相关，不仅那些拥有广泛社会网络的创业团队能够取得更好的创业绩效，而且这些社会资本强化了异质性创业团队的绩效优势。[18]

创业研究不仅关注创业团队的先前经历与社会资本，而且研究了影响创业绩效的其他团队因素。Chaganti 等研究发现，创业团队的种族移民因素与探索性战略采用显著正相关[19]。Sine 等的研究显示，相对于有机性组织结构，机械式组织结构更有效地应对了动态环境。[20] Kroll 等研究表明，董事会中拥有更多创业成员的新创企业、董事会股权结构更为平衡的新创企业，这两类企业能够取得更好的 IPO 绩效。[21] Busenitz 等发现，创业团队的直接投资与公司绩效并没有实质的联系。[22]

4　创业团队的后果

由于创业团队所涉及的巨大的管理职责与广泛的运营领域，所以，创业团队的特征、构成与活动对公司绩效的影响要比成熟公司的高管团队所产生的影响突出得多。创业团队深刻影响了公司发展、愿景实施与战略决策。[10] 目前，创业团队研究采用了一系列反映创业团队有效性的后因变量，并普遍将公司层面的绩效指标视为反映创业团队有效性的间接指标。总体而言，这些研究沿袭了战略管理范畴的高阶理论视角，认为既然创业团队在新创公司发展过程中发挥着直接且巨大的作用，所以，新创公司的绩效能够指代创业团队的绩效。

与高阶理论视角所选取的公司绩效指标基本一致，创业团队研究所采用最常见的后果变量分别是"销售增长"、"利润增长"与"员工增长"。超过一半的研究采用了一个以上的公司绩效表现作为衡量创业团队有效性的指标。为了全面把握创业团队的影响效应，有些研究选取了其他结果变量，包括了纯粹的财务表现与市场份额、团队层面的绩效表现（如团队有效性、团队生存力等）。另外，在创业背景下，有些研究采用了"新产品进入市场的速度"和"创新性"等。总而言之，财务指标仍然是创业团队研究所采用的最主要的后果类型。

5 创业团队研究的未来方向

首先，就研究现状而言，创业团队前因对新创企业成长的影响效应并不清晰。具体是，在哪个创业阶段，哪些创业团队特征比较重要，哪些创业团队特征相对次要？这个问题尚无答案。已有研究分别探讨过在某一创业阶段创业团队的特征，比如进入阶段、初步发展阶段、IPO阶段，我们仍然需要一个完整的纵向研究，来考察整个创业过程的创业团队特征。已有证据表明，在不同创业发展阶段，不同创业团队特征产生了不同的绩效影响。[23] 另外，一些特征变量（如行业经验与职能技巧等）本身会随着创业过程的推进而变动，一些特征变量（如个性与情感特征等）相对稳定。为了准确把握创业团队特征与创业企业成长的互动关系，可以参考关于企业发展的动态理论，比如组织生命周期理论和动态状态模型等。

其次，可以增加一些直接测量团队特征的数据来源，如个性、智力、核心自我评价与已证明对团队运作有影响的其他因素。[24] 还有一个问题是，个人特征的绩效影响是否在团队层面仍然显著。已有研究表明，某些个性特征显著影响了创业机会的识别与利用，[25] 同样的个性特征在创业团队里面的潜在作用有可能发生变化。打个比方，相对于内向的人，外向的人会接触到更多的信息，对于个人来说，外向型有利于创业机会的识别；对于团队而言，如果创业团队大部分是外向性格的成员，那么该团队可能会遇到信息超载的问题，无法就利用哪个具体机会达成一致。

最后，创业团队的社会资本领域尚存若干问题亟待突破。创业团队的社会资本具体是如何形成的。是通过个体的形式直接形成，还是通过组合的形式逐渐形成，我们尚未知晓。另外，研究焦点还可从"如何获得社会资本"转变到"如何运用社会资本"，创业团队的社会资本如何弥补（或强化）金融资本、人力资源与心理资本的局限性（优势）。这些问题有待挖掘。先前研究尚未涉及社会网络所提供的情感支持，比如，协助团队成员应对创业过程中所出现的情绪问题，保持工作与生活平衡等。由于声誉是投资者评估高管及其领导公司的一个重要考量因素，[26] 所以，有必要研究团队声誉是如何通过社会网络逐渐积累起来的。建立与维持社会网络需要付出各种成本和消耗其他资源，那么，创业团队社会资本的相关成本—收益值得深入探索。[27]

如前文所述，创业研究普遍采用了"增长率"作为考察创业绩效的主要指标，这一做法本身隐含了一个很强的假设，即所有的创业团队无一例外都是追求增长的，只有增长这一目标才能激励创业团队。在高科技行业，追求高速增长或许是创业团队的主要目标，但不是所有的行业都是如此，有些行业的新创企业可能希望获得一种有限度增长或者利润最大化，甚至有些公司刻意将公司长期控制在中小规模，不想做大。所以，将"增长率"视为衡量创业绩效主要指标的做法值得商榷。另外，财务目标不是唯一，甚至不是主要的创业目标。其他非财务因素（如做一些有意义的事情，保持工作与生活平衡），激励着人们去开创自己的事业。追求高速发展的努力最终使一些创业者身心俱疲，[28] 创业者的工作满足感与创业绩效的关系可能并不像我们想象的那么密切。因此，我们既要考察创业团队的增长目标与财务状况等客观指标，也要关注创业团队的工作满意度与生活满意度等主观因素。

另外一个涉及后因的问题是：测量创业绩效的选取节点。[29] 创业文献大多考察的是企业正式运作前的问题，比如，创业机会是怎样被发现的？创业团队是怎样形成的？创业资源是怎样整合的？基于Baron所提出的创业过程视角，[30] 未来研究需要考虑到创业团队前因与后果相互作用的问题。换言之，动态来看，绩效可能对某些前因变量产生后续影响，即绩效会反过来影响到团队成员资格、团队资源获取与团队凝聚力等前因变量。

〔参考文献〕

[1] Beckman C. M., Burton M. D.. Founding the Future: Path Dependence in the Evolution of Top Management Teams from Founding to IPO [J]. Organization Science, 2008, 19 (1): 3-24.

[2] Cooney T. M.. Editorial: What Is an Entrepreneurial Team? [J]. International Small Business Journal, 2005, 23 (3): 226-235.

[3] Amason A.C., Shrader R. C., Tompson G. H.. Newness and Novelty: Relating Top Management Team Composition to New Venture Performance [J]. Journal of Business Venturing, 2006, 21 (1): 125-148.

[4] Wright M., Vanaelst I.. Entrepreneurial Teams and New Business Creation [M]. Edward Elgar, 2009.

[5] Chowdhury S.. Demographic Diversity for Building an Effective Entrepreneurial Team: Is It Important? [J]. Journal of Business Venturing, 2005, 20 (6): 727-746.

[6] Baum J. A. C., Silverman B. S.. Picking Winners or Building Them? Alliance, Intellectual, and Human Capital as Selection Criteria in Venture Financing and Performance of Biotechnology Startups [J]. Journal of Business Venturing, 2004, 19 (3): 411-436.

[7] Finkelstein S., Hambrick D. C.. Top-management-team Tenure and Organizational Outcomes: The Moderating Role of Managerial Discretion [J]. Administrative Science Quarterly, 1990, 35 (3): 484-503.

[8] Ensley M. D., Hmieleski K. M., Pearce C. L.. The Importance of Vertical and Shared Leadership within New Venture Top Management Teams: Implications for the Performance of Startups [J]. The Leadership Quarterly, 2006, 17 (3): 217-231.

[9] Johnson V.. What Is Organizational Imprinting? Cultural Entrepreneurship in the Founding of the Paris Operal [J]. American Journal of Sociology, 2007, 113 (1): 97-127.

[10] Hmieleski K. M., Ensley M. D.. A Contextual Examination of New Venture Performance: Entrepreneur Leadership Behavior, Top Management Team Heterogeneity, and Environmental Dynamism [J]. Journal of Organizational Behavior, 2007, 28 (7): 865-889.

[11] Kor Y. Y.. Experience-Based Top Management Team Competence and Sustained Growth [J]. Organization Science, 2003, 14 (6): 707-719.

[12] Beckman C. M.. The Influence of Founding Team Company Affiliations on Firm Behavior[J]. Academy of Management Journal, 2006, 49 (4): 741-758.

[13] Shrader R., Siegel D. S.. Assessing the Relationship between Human Capital and Firm Performance: Evidence from Technology-Based New Ventures [J]. Entrepreneurship Theory and Practice, 2007, 31 (6): 893-908.

[14] Ensley M. D., Hmieleski K. M.. A Comparative Study of New Venture Top Management Team Composition, Dynamics and Performance between University-based and Independent Start-ups [J]. Research Policy, 2005, 34 (7): 1091-1105.

[15] Ozgen E., Baron R. A.. Social Sources of Information in Opportunity Recognition: Effects of Mentors, Industry Networks, and Professional Forums [J]. Journal of Business Venturing, 2007, 22 (2): 174-192.

[16] Zolin R., Kuckertz A., Kautonen T.. Human Resource Flexibility and Strong Ties in Entrepreneurial Teams [J]. Journal of Business Research, 2011, 64 (10): 1097-1103.

[17] Brinckmann J., Hoegl M.. Effects of Initial Teamwork Capability and Initial Relational Capability on the Development of New Technology-based Firms [J]. Strategic Entrepreneurship Journal, 2011, 5 (1): 37-57.

[18] Vissa B., Chacar A. S.. Leveraging Ties: The Contingent Value of Entrepreneurial Teams' External Advice Networks on Indian Software Venture Performance [J]. Strategic Management Journal, 2009, 30 (11): 1179-1191.

[19] Chaganti R. R. S., Watts A. D., Chaganti R., Zimmerman-Treichel M.. Ethnic-immigrants in Founding Teams: Effects on Prospector Strategy and Performance in New Internet Ventures [J]. Journal of Business Venturing, 2008, 23 (1): 113-139.

[20] Sine W. D., Mitsuhashi H., Kirsch D. A.. Revisiting Burns and Stalker: Formal Structure and New Venture Performance in Emerging Economic Sectors [J]. Academy of Management Journal, 2006, 49 (1): 121-132.

[21] Kroll M., Walters B. A., Le S. A.. The Impact of Board Composition and Top Management Team Ownership

Structure on Post-IPO Performance in Young Entrepreneurial Firms [J]. Academy of Management Journal, 2007, 50 (5): 1198-1216.

[22] Busenitz L. W., Fiet J. O., Moesel D. D.. Signaling in Venture Capitalist-New Venture Team Funding Decisions: Does It Indicate Long-Term Venture Outcomes? [J]. Entrepreneurship Theory and Practice, 2005, 29 (1): 1-12.

[23] Brixy U., Sternberg R., Stüber H.. Why Some Nascent Entrepreneurs Do Not Seek Professional Assistance [J]. Applied Economics Letters, 2013, 20 (2): 157-161.

[24] Mathieu J., Maynard M. T., Rapp T., Gilson L.. Team Effectiveness 1997-2007: A Review of Recent Advancements and a Glimpse into the Future [J]. Journal of Management, 2008, 34 (3): 410-476.

[25] Rauch A., Frese M.. Let's Put the Person Back into Entrepreneurship Research: A Meta-analysis on the Relationship Between Business Owners' Personality Traits, Business Creation, and Success [J]. European Journal of Work and Organizational Psychology, 2007, 16 (4): 353-385.

[26] Lester R. H., Certo S. T., Dalton C. M., Dalton D. R., Cannella A. A.. Initial Public Offering Investor Valuations: An Examination of Top Management Team Prestige and Environmental Uncertainty [J]. Journal of Small Business Management, 2006, 44 (1): 1-26.

[27] Klotz A. C., Hmieleski K. M., Bradley B. H., Busenitz L. W.. New Venture Teams: A Review of the Literature and Roadmap for Future Research [J]. Journal of management, 2014, 40 (1): 226-255.

[28] Hmieleski K. M., Corbett A. C.. The Contrasting Interaction Effects of Improvisational Behavior with Entrepreneurial Self-efficacy on New Venture Performance and Entrepreneur Work Satisfaction [J]. Journal of Business Venturing, 2008, 23 (4): 482-496.

[29] Levie J., Lichtenstein B. B.. A Terminal Assessment of Stages Theory: Introducing a Dynamic States Approach to Entrepreneurship [J]. Entrepreneurship Theory and Practice, 2010, 34 (2): 317-350.

[30] Baron R. A.. The Role of Affect in the Entrepreneurial Process [J]. Academy of Management Review, 2008, 33(2): 328-340.

Frontier of Entrepreneurial Team Research: Characteristics, Antecedents and Consequences

Ge Chen   Lin Wang

(Business School of Shantou University, Shantou, Guangdong, 515063;

Lingnan College Sun Yat-sen University, Guangzhou, Guangdong, 510275)

Abstract: As entrepreneurship researches have matured, the facts have increasingly recognized that the functioning and performance of new ventures is commonly influenced by teams as opposed to lone entrepreneurs. Based on the upper echelons perspective which served as the primary lens for investigating new venture team, most early studies tends to focus on demographic heterogeneity, however, in the past ten years, researchers have begun to move beyond the paradigm which focus on the relationship between team characteristics and team outcomes, to explore other underlying team inputs what lead to team performance. In this article we presents a literature review of entrepreneurial teams researches in recent ten years, to first organize and review prior work on the definition, formation and contextual discovery of new venture teams, and then to present a literature-driven model of factors, including prior experience, social capital and other additional inputs, which influencing entrepreneurial team performance, finally shed light on important issues that could help the field of entrepreneurship to develop a more comprehensive understanding of entrepreneurial teams.

Key Words: Entrepreneurial Teams; Prior Experience; Social Capital; Entrepreneurial Performance

JEL Classification: M13